既有铁路提速改造软基动力性能分析与应用

王　峰等　著

中国铁道出版社

2012·北　京

图书在版编目(CIP)数据

既有铁路提速改造软基动力性能分析与应用/王峰等著. —北京：中国铁道出版社，2012.2

ISBN 978-7-113-14225-4

Ⅰ. ①既… Ⅱ. ①王… Ⅲ. ①铁路提速—影响—软土地区—铁路路基—动力特性—研究 Ⅳ. ①U213.1

中国版本图书馆CIP数据核字(2012)第021288号

书　　名:既有铁路提速改造软基动力性能分析与应用

作　　者:王　峰　等

责任编辑:徐　艳　陈小刚　　**电话**:010-63549495　　**电子邮箱**:cxgsuccess@163.com

封面设计:崔丽芳

责任印制:陆　宁

出版发行:中国铁道出版社(100054,北京市西城区右安门西街8号)

网　　址:http://www.tdpress.com

印　　刷:北京市精彩雅恒印刷有限公司

版　　次:2012年2月第1版　2012年2月第1次印刷

开　　本:787 mm×960 mm　1/16　印张:8.75　字数:174千

书　　号:ISBN 978-7-113-14225-4

定　　价:40.00元

作者简介

王　峰　上海铁路局常务副局长，高级工程师。近年来，曾组织建设上海铁路局管段中国第一条既有铁路提速 200 km/h 开行动车组的浙赣铁路，中国最早建成的 250 km/h有砟轨道客运专线合宁铁路、合武铁路、沿海铁路，时速 350 km 沪宁城际铁路、沪杭高速铁路、宁杭城际铁路、宁安城际铁路等大批高速、高标准铁路建设任务，有效地服务于长三角区域经济快速发展。

本着“以科技创新引领铁路建设发展”的理念，组织多项重点课题研究和技术攻关，其中京沪电气化铁路提速 250 km/h 接触网系统成套技术研究，为我国铁路客运专线建设积累了经验；250 km/h 沿海铁路客运专线移动模架现场制梁、软土路基处理和隧道安全控制等关键技术研究，为 350 km/h 高速铁路建设积累实践经验。先后承担了铁道部“铁路建设项目标准化管理体系研究”、“客运专线整孔箱梁移动模架法施工技术研究”、“基于路局层面的高速铁路联调联试技术管理创新研究”、“高速铁路与邻近既有线运营振动相互影响研究”、“宁杭客专无砟轨道大跨度预应力混凝土刚构连续梁长期变形监控技术研究”等多项重点课题研究；获国家级企业管理现代化创新成果二等奖，铁道部科技进步二、三等奖，上海市科技进步二等奖，上海市优秀发明金奖，并获上海市重点工程“十大杰出人物”、铁道部火车头奖章、上海市五一劳动奖章等多项殊荣。

组织编著出版了《铁路建设项目管理岗位工作指南》、《铁路工程建设标准化管理》、《铁路建设工程标准化评定工作指南》、《高速铁路工序管理要点》、《高速铁路联调联试探索与实践》等丛书，已广泛应用于上海铁路局工程建设管理领域，对铁路工程建设管理进行了有益的探索。

项宝余　上海金山铁路有限责任公司，总经理，教授级高级工程师。

徐永福　上海交通大学，教授，博士生导师。

张　骏　上海铁路局建设管理处，副处长，高级工程师。

前　言

铁路列车运行速度是维系铁路生存和发展的根本动力。自1825年在英国诞生第一条铁路以来，提高列车运行速度一直是铁路这一运输方式持续提升竞争力的重要方面。我国铁路在1997年至2007年十年间进行了六次大提速，大面积改善了原有运力不足、低速落后的既有运输路网。

作为铁路重要组成部分的轨道结构基础，不但要承受上部结构重量，还要承受长期列车荷载的循环作用。随着行车速度的提高，路基承受的荷载密度增大，对路基的冲击作用加强，路基内部的附加动应力增大，影响深度亦增加，加剧了路基的变形，同时也产生了更强烈的轨道冲击动荷载，严重影响轨道系统的平顺和稳定，甚至危及线路安全。软土地区路基受行车影响的恶性循环效应更为显著，制约线路速度提升的影响突出表现在两个方面：其一，早期修建的铁路工后沉降标准低，过低的工后沉降标准，导致既有铁路路基局部出现明显的差异沉降，轨道基础形成刚度不平顺，加剧了局部列车荷载的动力不利效应。其二，尽管现有速度条件下软土路基沉降稳定，但是从低速水平提高至较高速度后，行车荷载的附加动力成分增加，车辆与轨道相互作用加强，路基土体的动应力提高，引起新的长期附加沉降，导致各种路基病害，甚至导致路堤垮塌。如日本东海道新干线，设计时速为210 km，只采取了轨道加强措施，忽略了软土路基加固，导致路基沉降难以控制，运行速度下降到110～180 km/h；澳大利亚哈默莱特铁路曾因路基问题13次出轨。因此，软土地区既有铁路提速一直是铁路提速的难点。

本书以上海铁路局管内的金山城郊铁路为依托，以现场测试和数值仿真为手段，研究了路基在行车荷载下的动力特性，论证了既有线列车速度提速至160 km/h设计方案可行性，分析了提速引起的软土路基附加沉降，评价了提速过程中路桥过渡段的动力特性，为今后类似软土地区提速改造工程提供了借鉴。本书主要分为以下8个部分。

(1)根据现场调查和现场测试，调查了现有路堤的破坏形式，检测了现有路基的承载力和密实度等性状，提出路基处理的初步建议。

(2)采用表面波探测试验方法，探测金山铁路既有线路堤的土层剪切波速度构造，确定路基处理的合理深度。

(3)测试了既有铁路普通路段和路桥过渡段在现行速度下的动力响应特性，研究了路基、路桥过渡段关键部位承受列车动荷载的振动响应规律。

(4)建立列车-路基动力作用模型，输入现场实测的现行速度下的动力响应特性作为激励荷载，分析了现行速度下路基的动应力和沉降及其分布规律。

(5)建立既有线普通路基-场地动力分析模型，研究路基结构在列车荷载作用下动力响应特性，评价了列车提速引起的动应力及其影响深度，计算了动荷载循环作用下的累积沉降。

(6)建立简化的三维梁-离散弹簧支承模型和过渡段轨道折角空间动力分析模型，分析差异沉降和刚度变化对轨道动力性能的影响，建立差异沉降与轨道振动的相关关系，提出了过渡段内的差异沉降控制值。

(7)通过现场实测数据和有限元计算，分析紧邻增建二线堤基处理的搅拌桩、多向旋喷桩和高压注浆施工对既有线路基的影响，分析了软基处理施工引起的超孔隙水压力、土压力和侧向位移的特性，引起超孔压力消散引起既有线的附加沉降。

(8)从应力平衡角度提出既有线合理抬道高度的定义，计算了路基抬道前后地基中的附加应力，由此确定抬道合理高度，分析抬道对路基应力和沉降的影响。

在本书相关内容的研究过程中，得到金山公司、铁四院、中铁二十局、上海建工集团和上海交通大学等单位的张旗、那同伶、唐培文、许抒、孙德安、车爱兰、许杰、杨磊、王益栋等直接帮助和支持，在此深表谢意！本书对软土地区提速改造的相关难题作了一定分析，提出了初步的解决方法建议，可对今后的类似的工程建设提供指导意义。为了保持研究内容的完整性，书中尽可能地引用相关学者的研究成果，对书中引用的成果的著者致以深深的敬意！由于笔者才疏学浅，书中不当之处肯定存在，恳请读者不吝赐教！

2011 年 12 月于上海

目　　录

1 绪　　论

自1825年在英国诞生第一条铁路以来，不断提高列车运行速度一直是铁路持续提升竞争力的重要手段。1997年至2007年十年间我国铁路进行了六次大提速（翟婉明，2007），大面积改善了原有低速落后的既有运输路网的运力不足。随着我国经济建设的蓬勃发展，一些地处沿海软土地区且非主要干线的次级城郊、城乡铁路也逐步纳入提速的日程。这些属于修建时间早的既有铁路，依附于主要干线路网，是沟通中心城区和周边的重要运输纽带。由于运输任务重，线路状况制约，行车速度较低，平均速度往往徘徊在40～50 km/h（马伟斌，2006）。我国铁路提速的基本目标是，繁忙干线旅客列车最高速度200 km/h，其他线路旅客列车最高速度120～160 km/h；货物列车最高速度90～120 km/h，轻快货物车最高速度160 km/h（翟婉明，2007）。因此，从低速状态提升至160 km/h甚至200 km/h，是低等级既有铁路亟待实现的目标。

对于轨道来说，提速技术已日臻成熟，多次大提速过程中已积累了较多的经验，但提速过程中既有线软土路基处理还处于探索阶段。作为铁路有机组成部分、轨道结构的基础，路基不但要承受上部结构的重量，还要承受长期列车荷载的循环作用。路基中随车辆移动而往复变化的动应力，短期可以看成是一种动态过程，长期则是一种往复累积过程，与荷载密度、频率和强度密切相关。随着行车速度的提高，路基承受的荷载密度增大，对路基的冲击作用加强，路基内部附加动应力相应增大，且向下传递范围加深，加剧路基累积变形，威胁轨道系统的平顺和稳定，产生更强烈的轨道冲击动荷载，形成恶性循环，危害线路安全（胡安洲等，1996）。

就软土路基而言，这种恶性循环效应更为显著，制约线路速度提升的不利影响突出表现在两方面：其一，早期修建的铁路工后沉降标准低，如萧甬线增建二线施工完成后，工后沉降高达到50 cm（王利，2009）。工后沉降标准过低，导致既有铁路路基局部出现明显的差异沉降，轨道基础形成刚度不平顺，加剧局部列车荷载的动力不利效应，在既有铁路路桥过渡段显得尤为突出。软土环境中形成的桥台和路基的过大差异沉降迫使钢轨产生形变，造成折角或曲线状不平顺，引发轨道在提速列车荷载下产生过大振动，影响行车安全。其二，尽管现有速度条件下软土路基沉降稳定，但从低速水平成倍增至160 km/h速度后，行车荷载的附加动力成分势必会增加，车辆与轨道相互作用力加强，路基土体的动应力也相应提高。随着速度增加，较高的动应力或过大振动就有可能影响到路基下卧的软土，地基中超孔隙水压力上升，塑性变形增加，破坏路基稳定状态，引起新的附加沉降，导致各种路基病害，使路基继续陷入不利轨道运营的恶性循环。在软土地区这种现象已屡见不鲜，上海地铁 1 号线建成未通车的 2 年 3 个月内沉降基本没有发展，但通车后沉降竟达到 30～60 mm，4 年内甚至达到 140 mm(陈云敏等，2002)，可见车辆动荷载引起的附加沉降非常可观；日本东海道新干线，设计时速为 210 km，由于只采取了轨道加强措施，忽略了软土路基加固，导致路基沉降难以控制，使运行速度下降到 110～180 km/h(刘雪珠和陈国兴，2008)；澳大利亚哈默莱特铁路曾因路基问题 13 次出轨(刘雪珠和陈国兴，2008)。因此，软土地区既有铁路提速面临着严峻的路基问题。但是，迄今为止软土地区的提速改造工程为数不多，如沪宁线，津浦线(宗军良，2006)，尤其关于提速对路基附加变形、过渡段路基轨道稳定的影响等方面，仍缺乏深入的研究。

上海铁路局管内的上海南至金山扩能改造工程位于上海市南部，途经上海市闵行区、松江区、金山区。主体工程分两部分，一是与既有线并行增建线路从上海南站出站，沿既有老沪杭线经莘庄至春申；再沿沪杭线至新桥，然后沿既有新闵线增建二线至闵西；从闵行站出站后向南沿既有金山支线至金山增建二线，全长 55.45 km。二是增建二线完毕后，对金山既有线进行提速改造，其中包括金山和新闵两条支线。新闵支线修建于 1959 年，金山支线 1974 年建成通车，线路为国铁Ⅱ级，设计标准低，地理位置如图 1-1 所示，新闵支线迄今运营已有 50 年，金山支线运营也有 36 年，运营车辆以货车为主，客车一天往复两对，客货混跑，线路速度低，维持在 40～80 km/h，运力极低，完全不能满足当前的运输需求，因而亟待提速改造，按设计要求线路速度目标拟提升至 160 km/h，以缓解目前运能不足的紧迫现状。

由于上海南至金山扩能改造工程位于长江三角洲入海口东南前缘之滨海积平原区，沿线广泛分布深厚软土地层，既有线路基在长期列车荷载作用下情况不容乐观。现场调查表明，既有线路基未进行整治，基床出现不同程度的下沉外挤、边坡外鼓、坍塌、陷穴等病害，路桥结合处差异沉降明显，过渡段轨道不平顺严重，过大的路基沉降引起道床普遍加厚，线路路基现状极差。目前行车速度低于 80 km/h。现场 N_{10} 动探试验勘测中，既有线基床及地基的基本承载力均不满足提速要求，提速后软土地基不稳定。因此，对现有路基状态给出评价十分迫切和必要，在此基础上提出路基整治措施。

本书以上海南至金山扩能改造工程为依托，从动力学角度出发，以现场测试和数值仿真为手段，分析了既有线提速至 160 km/h 后，路基处理设计方案能否满足提速要求，提速引起的软土路基附加沉降量；评价了提速过程中路桥过渡段动力响应等关键问题，建立了行车速度与路基动力指标和沉降的理论关系，揭示了软土地基的动力影响范围，为以后软土环境类似的提速改造工程设计或工程评价提供依据。

图 1-1 金山铁路地理位置及基本路线

2 现状调查

既有铁路提速已成为世界铁路发展的共同趋势，提速线路的路基基床必须要有足够的强度，保证上部轨道结构的稳定性和列车运行的安全性，不发生大的基床病害，基床的结构不产生大变形。与路基有关的应力概念一般有两个，一是由运营列车作用在路基上的动应力（动强度），二是路基本身的静承载力（静应力、静强度）。

提速条件下的路基动强度稳定条件应满足：$q_d \leqslant [q_d]$，这里 q_d 是由运营列车产生的动应力，$[q_d]$ 是路基允许的动强度。路基的动强度不易直接求出，一般由静承载力乘以折减系数得到。由列车行驶作用产生于路基上的应力，称为动应力。按时速 160 km 铁路路基设计暂行规定中的公式计算，当时速达到 160 km 时，路基面最大动应力值大约 89 kPa；铁科院《关于路基动应力与车速关系的研究》成果，当列车轴重确定时，时速每提高 10 km，路基面应力将增大 4～6 kPa。

路基静承载力与路基填料、形状、压实度、线路养护条件、列车速度等有关，列车提速路基承受的动应力值变化不大，但应力作用次数增加许多，路基所需承载力增加。土质条件不同，路基的动、静强度比不同。对于颗粒细、粒间黏结力小的粉土，动、静承载力比为 0.6；广深线资料显示，当基床表层 0.3 m 为弃渣时，动、静强度比可增大至 0.7～0.8。

现行规范以 K_{30} 地基系数作为检查路基基床的强度与变形的综合性指标。对于 120 km/h 以上的Ⅰ级干线细粒土基床表层，K_{30} 值就要求达到 0.9 MPa/cm。根据大秦线有关研究资料介绍，地基系数 K_{30} 值与基床表面的允许承载力（即静强度）的关系为$[\delta_0]=0.24\ K_{30}+0.015$，这里$[\delta_0]$的单位为 MPa，$K_{30}$ 值的单位为 MPa/cm。细粒填料的动静强度比一般约为 0.6，按此计算，当 $K_{30}=0.9$ MPa/cm 时，相对应的基床表面的允许静强度为 0.231 MPa，允许动强度为 0.14 MPa。

2.1 既有铁路路基地貌

为直观认识既有线铁路路基工程现状，了解路基在列车动荷载长期作用下的影响状态，进一步确定列车荷载对路基动态作用的基本参数，有必要对提速改造路段进行现场踏勘，调查既有线路基和过渡段存在的病害状况，获取地基土层的基本参数。

以上海南至金山扩能改造工程为例，既有新闵支线新桥至闵西区段，全长6.283 km，既有线路基均为填方路基，路基填土高度一般为0.5～2.5 m；既有金山支线闵西至金山段，全长34.608 km，路基填高一般为1～2.5 m，路基边坡坡率1∶1.5，坡面采用草皮护坡，局部采用浆砌片石护坡。既有线路基填料多为线路两侧就地取土，基床填料一般为C和D类土。既有线两侧由于就地取土，形成了沿线大量的取土坑、水塘，造成既有线两侧水网密布。同时，既有铁路地处长江三角洲入海口，地层具有海陆相相互交替沉积的特点。大部分地段地表以下25～27 m范围内上部广泛分布第四系全新统冲海积、海积流塑软土层；其下为第四系上更新统冲海积、海积、湖积地层。上海地处中纬度沿海地区，在全球气候带分布中属北亚热带南缘，是南北冷暖气流交汇地带，气候湿润，四季分明，雨热同季，降雨充沛，地表水和地下水发育十分丰富，地下水埋深非常浅。从沿线地理情况可知，既有线路基工程处于典型的软土工程环境之中，加上长期承受繁忙沉重的客货运压力，路基情况不容乐观。

由于年久失修，加上上海地区独特的气象和水文条件导致既有线产生了大量的病害，如翻浆冒泥、路基基床下沉外挤、边坡溜坍、陷穴等。为了进一步明确既有线路基病害发展的程度，在整个金山铁路沿线，采用重点区段观察、文字描述和影像记录的方式展开踏勘调研。踏勘区段包括K2＋280～K3＋040、K12＋190～K12＋550、K30＋960～K31＋210和XMK4＋950～XMK6＋163。踏勘区段路基状况如表2-1、表2-2所述。

表2-1 既有铁路(新闵支线)踏勘区段路基情况(线路冒浆板结≥60%)

里程		边坡防护类型		路肩宽度(m)		道砟厚度(m)	既有路基描述
起始里程	终止里程	左侧	右侧	左侧	右侧		
K4＋950	K5＋650	浆砌护肩草皮护坡	浆砌护肩草皮护坡	0.2～0.5		0.7～0.8	路基略有下沉局部路肩破坏
K5＋650	K6＋100	浆砌护肩草皮护坡	浆砌护肩草皮护坡	0～0.4		0.8～1.0	路基略有下沉部分路肩破坏、片石脱落
K6＋100	K6＋199	浆砌护肩草皮护坡	浆砌片石拱形骨架护坡	0.3～0.5		0.5～0.6	右侧拱形骨架护坡坡面存在裂缝
K6＋199	K6＋163	浆砌片石护坡	浆砌片石拱形骨架护坡	0.3～0.5		0.5～0.6	两侧坡面存在裂缝

表 2-2　既有铁路(金山支线)踏勘区段路基情况

里　程		边坡防护类型		路肩宽度(m)		道砟厚度(m)	既有路基描述
起始里程	终止里程	右侧	左侧	左侧	右侧		
K2＋280	K2＋590	浆砌护肩草皮护坡	浆砌护肩草皮护坡	0.5～0.7	0.85	1.0～1.2	路基下沉,左侧路肩破坏、塌陷,边坡外鼓,片石脱落
K2＋650	K2＋685	浆砌片石	浆砌片石	0.6～0.7		0.7～0.9	路基下沉两侧浆砌片石护坡开裂
K2＋685	K2＋800	浆砌护肩草皮护坡	浆砌护肩草皮护坡	0.6～0.7		1.2	路基下沉、下陷路肩塌陷
K2＋800	K3＋040	浆砌护肩草皮护坡	浆砌护肩草皮护坡	0.9～1.0		0.75	路基略有下沉,路肩坍塌严重外倾,用轨枕支护
K12＋190	K12＋380	浆砌护肩草皮护坡	浆砌护肩草皮护坡	0.75	0.7	0.9	路基下沉,部分浆砌护肩结合草皮护坡护坡开裂,外倾,采用抛石和轨枕支挡
K12＋405	K12＋550	浆砌护肩草皮护坡	浆砌护肩草皮护坡	0.8	0.8～0.9	0.8～1.0	路基下陷,部分路肩开裂边坡塌陷,外挤
K30＋960	K31＋210	浆砌片石护坡	浆砌片石护坡	0.9～1.0		0.6	路肩和边坡被长草覆盖

根据以上实地调查结果,既有线路基病害严重,按照病害程度由轻到重细分,呈现以下四种不同表现形态。

2.1.1　脱落型

脱落型破坏表现为道砟或护坡碎石由于振动量过大,脱离路基母体而滚落或陷落到坡脚,如图 2-1 所示。

(a)　(b)

图 2-1　脱落式病害表现形态

2.1.2 鼓出型

图 2-2 中路肩一侧呈现明显的向外鼓出特征，表现出路堤土体显著的渐进性不均匀侧向变形，使得片石护坡形态呈蛇形。

(a) (b)

图 2-2 鼓出型病害表现形态

2.1.3 挤断型

鼓出型病害如果不加以控制，即发展为挤断型。图 2-3 为现场部分路基护坡被鼓出的土体挤断的情形，可以看到现场采用了木枕支挡护坡，以防止路基进一步破坏。

(a) (b)

图 2-3 挤断型病害表现形态

2.1.4 塌落型

塌落型是既有铁路存在的最为严重的病害形式。如图 2-4 所示，现场路基护坡已失去作用，片石散落在坡脚，基床土体完全暴露出来，路肩一侧塌陷严重。

(a)　(b)

图 2-4　塌落型病害表现形态

现场沿线踏勘情况表明，沿线路基存在着不同程度的变形破坏，轻微的如道砟振落、松陷，严重至基床外鼓、护坡塌落。既有线路基状态不容乐观，在列车动荷载的反复作用下，路基质量大幅度下降。

现场踏勘过程中，实地考察了新闵和金山支线上几座桥梁衔接的路桥过渡段，如新闵 4 号桥路桥过渡段和金山支线盐铁塘桥路桥过渡段，如图 2-5 所示。路桥过渡段是路基沉降控制的薄弱环节，先期外业勘测表明，路桥差异沉降明显，轨面弯曲，列车振动增强。

(a)　(b)

图 2-5　金山铁路路桥过渡段

2.2　既有铁路路基特性

2.2.1　路基基床

根据《铁路路基设计规范》(TB 10001—2005)第 11.1.4 条规定，设计时速为 160 km的改建地段，既有线基床表层的基本承载力不应小于 160 kPa。

表 2-3、表 2-4 分别为 2007 年、2008 年连续两年对既有线基床和基床下部 0～

1.5 m 范围内的轻型动力触探试验(N_{10})成果,动力触探深度为 1.5 m。轻型动力触探击数为 14～19,既有线路基基床表层基本承载力平均为 92～112 kPa,基床底层基本承载力为 92～115 kPa。轻型动力触探试验结果表明,既有线路基承载力不能满足提速要求。基床土的压实系数介于 0.74～0.92,干密度介于 1.50～1.67 g/cm^3,含水率介于 19%～26%;基床土的压实系数和干密度小,含水率偏离最佳含水率,土质条件差。

在基床部位剪切波速比较小,介于 150～200 m/s,基床剪切波速小,说明密度小,路基状态差,容易产生基床下沉病害。剪切波速与土的动剪切模量和动弹模量的关系为:$G=\rho v_s^2$,$E_d=2\rho v_s^2(1+\mu)$,ρ 是土的密度,μ 是泊松比。

表 2-3 2007 年轻型动探成果表

指标类别	贯入深度 0～0.6 m		贯入深度 0.6～1.5 m	
	N_{10}值	基本承载力(kPa)	N_{10}值	基本承载力(kPa)
样本数量	60	51	74	74
平均值	27.02	111.99	25.51	118.97
最大值	180.00	160.00	120.00	160.00
最小值	7.00	0.00	8.00	85.00
标准差	25.43	43.81	18.06	19.80
变异系数	94.13	39.12	70.79	16.64
修正系数	0.79	0.91	0.86	0.97
标准值	21.39	101.46	21.92	115.03

表 2-4 2008 年轻型动探成果表

指标类别	贯入深度 0.3～0.6 m		贯入深度 0.6～1.5 m	
	N_{10}值	基本承载力(kPa)	N_{10}值	基本承载力(kPa)
样本数量	30	27	54	50
平均值	14.90	92.22	19.07	101.00
最大值	43.00	150.00	107.00	220.00
最小值	5.00	0.00	4.00	0.00
标准差	8.41	29.94	15.24	42.28
变异系数	56.41	32.47	79.88	41.86
修正系数	0.82	0.89	0.81	0.90
标准值	12.24	82.21	15.52	90.73

2.2.2 场地地基

据既有线场地地勘报告，既有路基分布区域下卧土层分布及其主要物理力学指标列于表 2-5 中。土层厚度和物理力学参数平均值沿深度方向的变化情况如图 2-6 所示。从图中可以得知，地表以下分布着厚度较大的高天然孔隙比、低强度、高压缩性的软土层，主要为③—1、④—1、⑤—1 层，位于地表以下 3～25 m 之间。图 2-6(f) 为上海地区土层剪切波速的典型分布，由图中曲线可知土体剪切波速由浅至深呈逐步增大的趋势。

表 2-5　地基土层物理力学参数

层序	岩土名称	天然密度 ρ (g/cm³)	天然孔隙比 e		固结快剪		压缩模量	剪切波速
					φ(°)	c(kPa)	E_{1-2}(MPa)	v_s(m/s)
②—1	粉质黏土软至硬塑	1.92	0.92	12.83	23.47	3.85	100	
③—1	淤泥质粉质黏土流塑	1.92	0.92	12.83	23.47	3.85	100	
④—1	淤泥质粉质黏土流塑	1.83	1.18	11.92	12.96	2.75	130	
⑤—1	粉质黏土软至流塑	1.79	1.27	10.09	13.69	2.78	160	
⑤—2	粉土	1.80	1.22	11.67	15.27	3.33	190	
⑤—3	粉质黏土软塑	1.87	0.93	29.05	5.28	7.99	260	
⑤—4	粉质黏土硬塑	1.86	1.09	13.00	18.38	3.75	320	

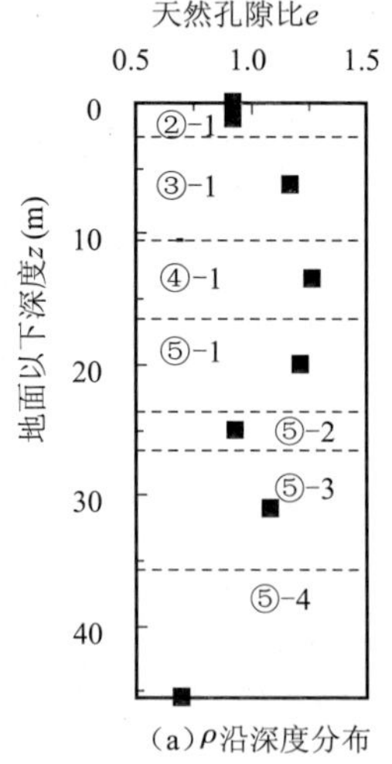

(a)ρ沿深度分布

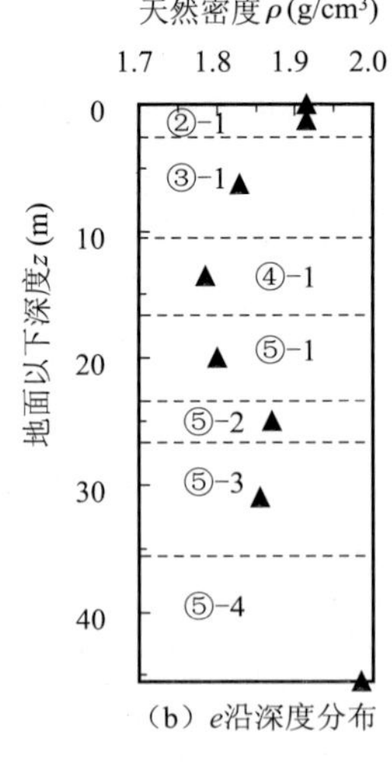

(b) e沿深度分布

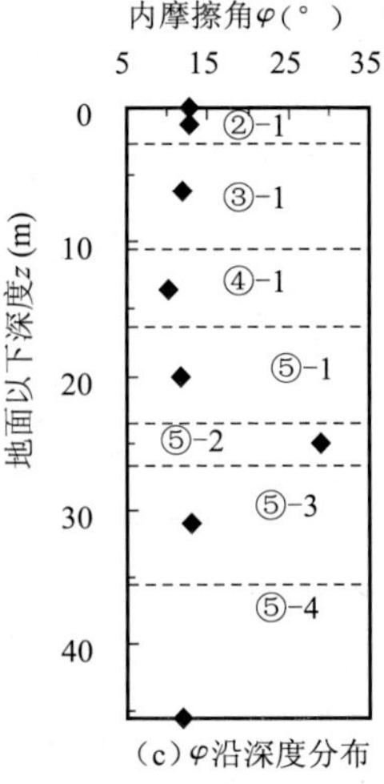

(c) φ沿深度分布

图　2-6

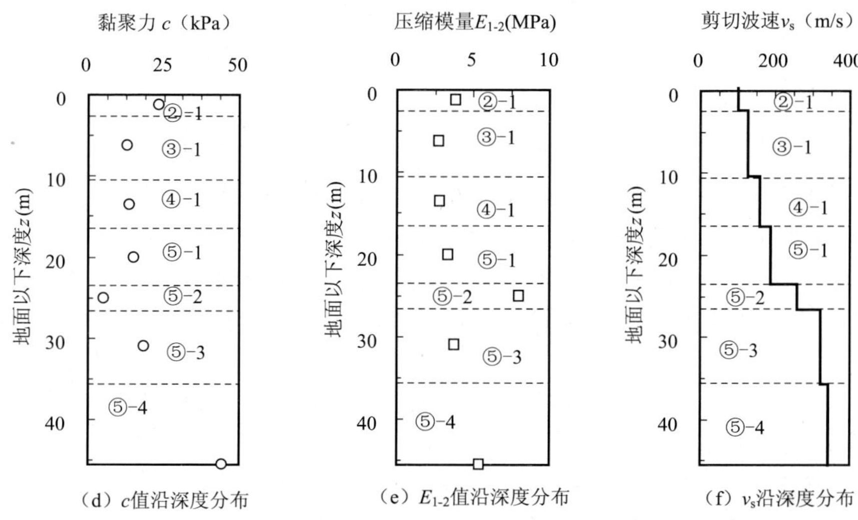

（d）c值沿深度分布　（e）E_{1-2}值沿深度分布　（f）v_s沿深度分布

图 2-6　土层物理力学参数沿深度分布

2.3 既有铁路提速改造措施

既有铁路基床分基床表层和底层，自设计路肩高程起向下基床总厚 1.5 m，其中表层厚度为 0.5 m，底层厚度为 1.0 m。根据金山支线基床处理的标准：基床表层的基本承载力不应小于 160 kPa，压实系数大于 0.91；基床底层的基本承载力不应小于 120 kPa，压实系数大于 0.89。为了满足以上路基承载力和压实度要求，金山铁路既有线路基改建措施主要为：

(1)既有线基床填料已不符合设计要求，根据 N_{10} 动探试验，既有线基床承载力不满足设计要求，采用基床表层 0.5 m 换填，基床表层底部铺设复合土工膜，基床底层采用挤密水泥砂桩加固，桩长为 1.5 m。

(2)既有线出现路基外鼓、边坡坍塌、基床下陷等病害的路段，影响列车运营安全，对既有路基基床底部进行注浆、表层基床采用换填处理，将路基外鼓、边坡坍塌的路段拆除重建。

(3)既有线局部地段路基排水沟排水不畅，存在积水现象，采用翻修整治措施；对既有路基下沉严重的路段，采用帮宽基床顶面的整治措施。

(4)路桥过渡段沉降差异大，对行车运营有影响，设计中对既有线中、大型桥梁的桥路过渡段地基采用多向水泥搅拌桩加固，表层采用换填处理，提高基床刚度和密实度，减少桥路差异沉降。

2.4 小　结

根据金山铁路既有线路基现有状况调查,得到以下结论和建议。

(1)长期运营条件下,列车重复动荷载引起了既有铁路严重的路基病害,包括振落、鼓出、挤断及塌落四种形式。

(2)既有铁路下卧分布浅、厚度大的软土层,由于现有的基床条件欠佳,承载力不足,列车动荷载引起附加动应力很可能传递到下卧地基,使得地基产生新的附加沉降。

(3)既有线路桥过渡段差异沉降明显,轨道平直度下降,路桥过渡部位路基易产生较剧烈的动力作用。

(4)既有线路基的承载力、压实度和刚度都不能满足提速要求,需要对基床,甚至路基进行加固处理,建议采用常见的加固处理措施,如抬道、基床增强等。

3 现场勘探试验

3.1 表面波勘探原理和方法

3.1.1 表面波勘探的原理

敲打介质表面时介质会产生振动，振动向远方传播就形成了波动。在波动中常见的有纵波和横波，其中纵波介质质点的振动方向与传播方向一致，而横波介质质点的振动方向与传播方向垂直。由于纵波的传播速度最快，发生振动后会首先到达观测点，所以又叫 P 波(Primary Wave)，横波速度较慢，在纵波之后到达，所以又叫 S 波(Secondary Wave)。纵波和横波都是从震源呈放射状向外在介质中传播，又被统称为体波。除体波外，还存在一类波，他们只沿介质的表面传播，被称为面波。最常见的有瑞雷面波和勒夫面波。瑞雷面波介质质点的振动轨迹为一椭圆，勒夫面波介质质点的振动与传播方向垂直且平行于介质表面。基于瑞雷面波和勒夫面波的质点振动轨迹，瑞雷面波有垂直和水平两种成分，勒夫面波则只有水平成分而无垂直成分。理论和实践都证明，当我们用打击介质表面时，所激发的波中瑞雷面波最强，约占波动总能量的 60%以上。高密度面波法通常利用瑞雷面波，而且通过使用垂直检波器接收瑞雷面波的垂直成分而避开勒夫面波的干扰。

面波只在介质的表面传播，但其传播速度却与地下构造有着密切的关系。所谓只在介质表面传播，这个“表面”是有一定厚度的，这个“厚度”与面波波长有关。以瑞雷面波为例，如图 3-1 所示，其振幅从介质表面沿深度方向快速衰减，大约在半个波长以内约集中了全部能量的 80%以上，在一个波长以内则集中了全部能量的约 95%以上；所以瑞雷面波的传播速度主要由从介质的表面到半个波长的深度范围内的介质决定，几乎与 1 个波长以深的介质无关。显而易见，高频面波波长较短，只能穿透介质表面附近很浅的范围内的介质，因而其传播速度只反映浅层情况；低频面波，波长很大，能穿透从表面到深处的介质，因而其传播速度能反映从表面到深部的介质的综合影响。如果我们能得到从高频到低频的瑞雷面波的传播速度，就得到反映整个介质情况的信息，用数学方法按深度把这些信息分离开来，掌握整个介质内部构造。

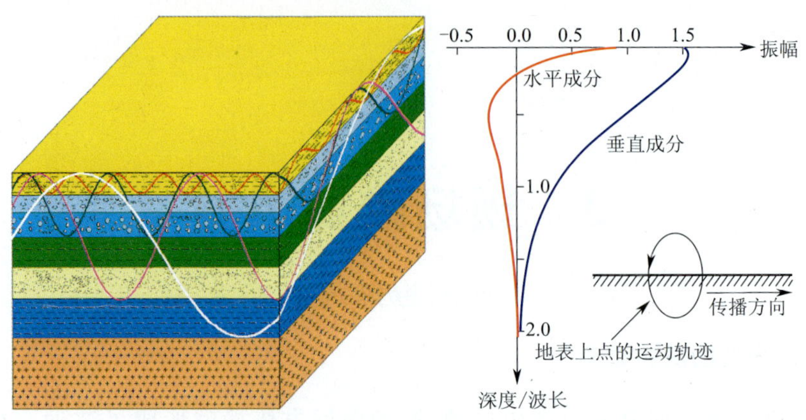

图 3-1　瑞雷面波在深度方向的振幅分布示意图

3.1.2　表面波勘探的施工方法

如图 3-2 所示，面波勘探的数据采集首先是将多个弹性波检波器按一定的间隔设置在一条直线(测线)上，然后在测线的延长线上通过人工的方法使介质表面振动，并用记录仪记录由检波器接收到的振动。由检波器组成的接收系统称为地震排列或排列。用重锤打击的点被称为震源。震源到最近的检波器的距离称为震源偏移距或偏移距。检波器之间的距离称为检波距。从第一个检波器到最后一个检波器的距离称为排列长度。每一个检波器对应着记录仪的一个数据通道，称为一个数据道或地震道。由他们记录的信号也被称为一道数据或一个地震道或地震记录。

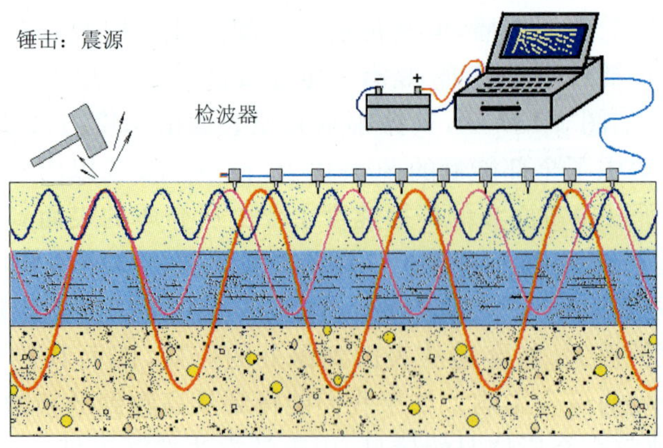

图 3-2　现场施工方法

3.2 现场数据采集

3.2.1 测线布置

试验段位于K27＋500，测线布置如图3-3所示，测点间距50 cm。以确定的勘测点为基准点，每间隔0.5 m布置一个检波器，检波器垂直地插入地中。先将地面平整，然后铺一块约30 cm×30 cm的钢板，用大锤夯击钢板与地面充分耦合后，使用质量约15 kg的大锤用力敲击钢板作为激发震源。

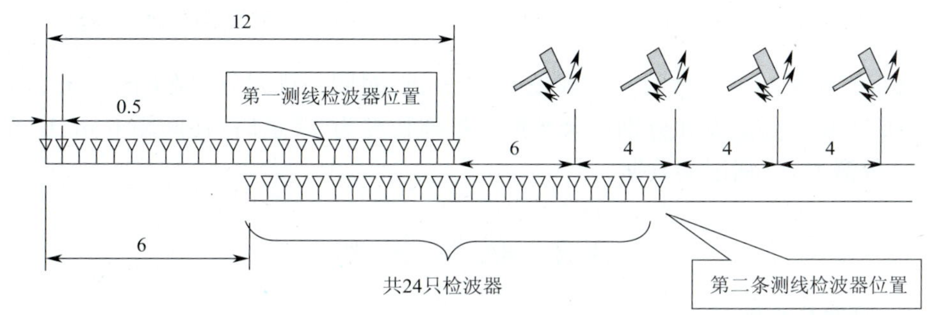

图3-3　测线布置图(m)

3.2.2 数据采集设备

地震仪为Geod数字地震仪，记录通道为24，模数转换为24 bit，高截频为500 Hz，低截频为1.75 Hz；检波器为动圈式垂直成分速度型检波器，固有频率为4.5 Hz，如图3-4～图3-7所示。

图3-4　Geod数字地震仪

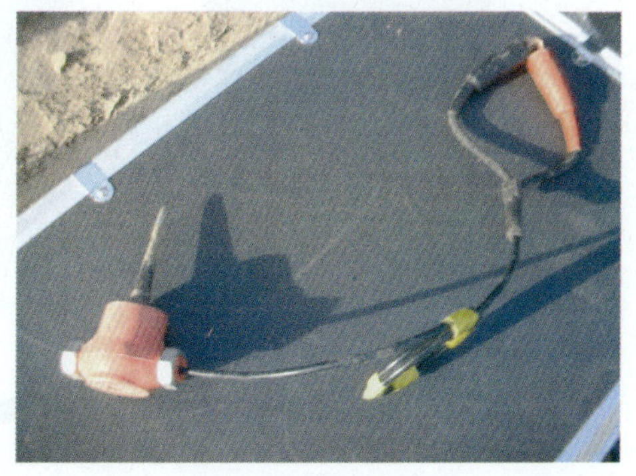

图3-5　检波器

图 3-6　连接电缆

图 3-7　激发器(铁锤 15 kg)

数据采集采用单边激发。排列长度为 24 道,对同一排列分别在间距 6 m、10 m、14 m 和 18 m 4 处激发并分别记录数据。排列长度为 12 道时,在间距 6 m、12 m 和 18 m 3 处激发,分别记录数据。

3.3　数据分析

3.3.1　频散分析结果

图 3-8 是测线的面波相速度分布,横坐标为距离,纵坐标为虚拟深度,亦即半波长,颜色代表相速度。由于瑞雷面波的半波长近似地等于勘探深度,瑞雷面波的传播速度也近似地等于介质的剪切波传播速度。

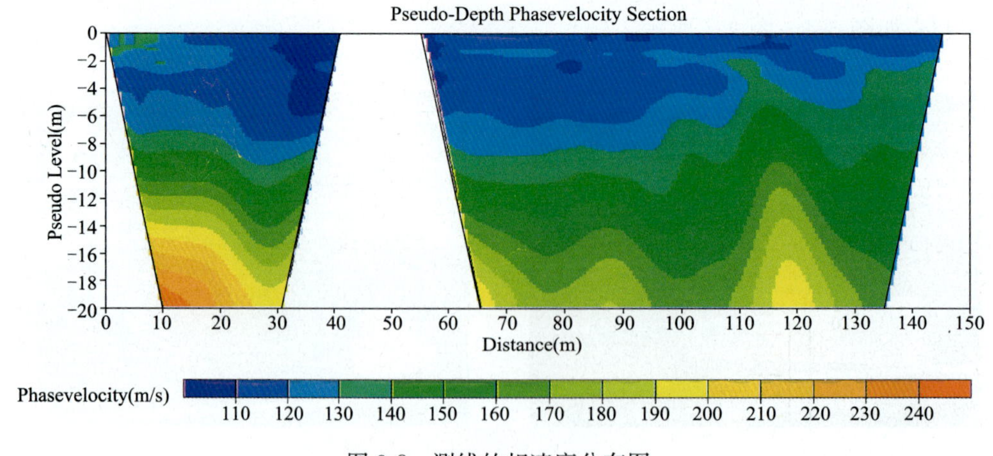

图 3-8　测线的相速度分布图

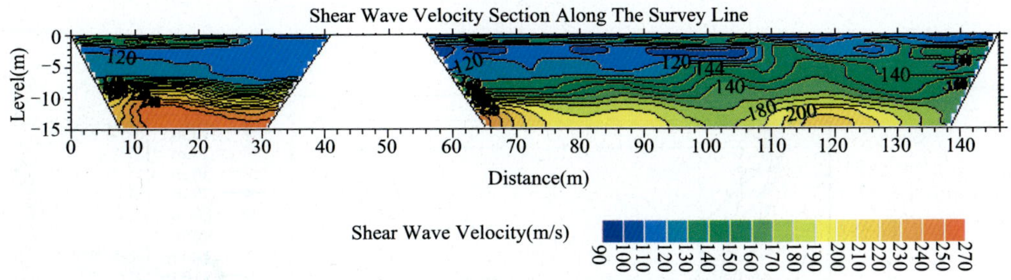

图 3-9　等值线形式表示的全测线瑞雷面波相速度分布断面

3.3.2　波速分析结果

图 3-9 为等值线形式表示的全测线瑞雷面波相速度分布断面，横坐标为距离，纵坐标为虚拟深度，亦即半波长，颜色代表相速度。由于瑞雷面波的半波长近似地等于勘探深度，瑞雷面波的传播速度近似地等于介质的剪切波传播速度，凭此图可快速掌握沿线的横波速度构造变化情况。将波速等值线图表示为数值图 3-10，由图 3-10 可以看出，本次勘探深度 15 m 范围内，0～－1 m 范围内土层波速度在 110～140 m/s，－1～－2 m 范围内软土层波速度达到 100～130 m/s，－2～－7 m 范围内土层波速度为 100～150 m/s，－7 m 以下土层波速在 150 m/s 以上。

土的剪切波速与土的类型、埋深、密实度和标贯击数 N 值有关，标贯击数 N 值与剪切波速 v_s 一样反映土的软硬程度，因此两者有相关性。从标惯值 N 值算定剪切波速度的经验公式为：

$$N = \left(\frac{v_s}{100}\right)^3 \tag{3-1}$$

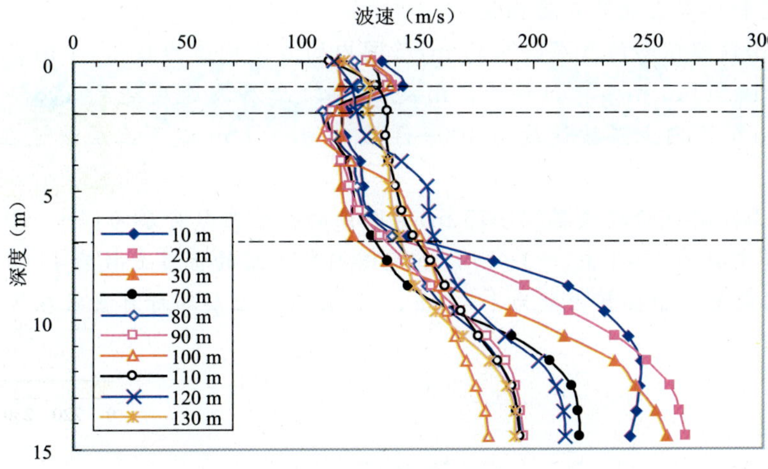

图 3-10　波速数值剖面图

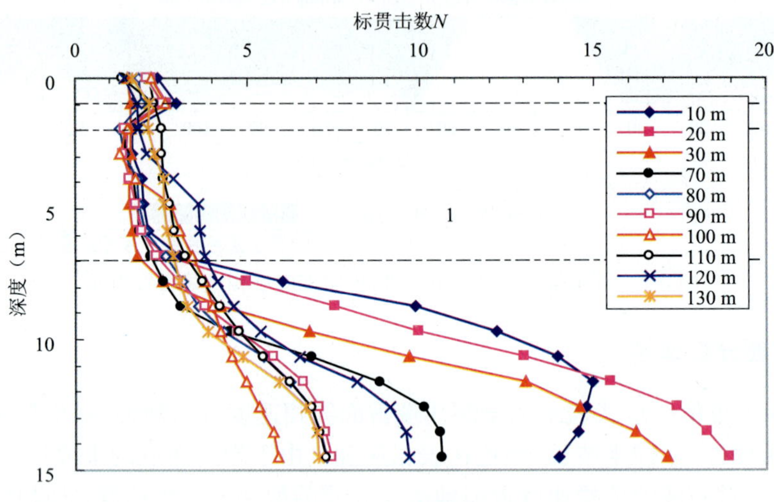

图 3-11　标贯击数剖面图

由式(3-1)得到的标贯击数随深度变化规律如图 3-11 所示。由图 3-11 可以看出，土层按标贯击数分为四层：0～－1 m 范围内土层的标贯击数为 1～3 击，－1～－2 m范围内软土层的标贯击数为 1～2 击，－2～－7 m 范围内土层的标贯击数为 1～4 击，－7 m 以下土层的标贯击数在 4 击以上。

3.4　小　　结

通过表面波探测试验方法对金山铁路试验段进行详细勘探，得到了场地的土层剪切波速度和标贯击数的分层构造：

(1)金山铁路试验段浅层(0～15 m)范围内的波速构造为 0～－1 m 范围内土层波速度为 110～140 m/s，－1～－2 m 范围内软土层波速度达到 100～130 m/s，－2～－7 m 范围内土层波速度为 100～150 m/s，－7 m 以下土层波速在 150 m/s 以上。

(2)金山铁路试验段浅层(0～15 m)范围内的标贯击数分层为：0～－1 m 范围内土层的标贯击数为 1～3 击，－1～－2 m 范围内软土层的标贯击数为 1～2 击，－2～－7 m 范围内土层的标贯击数为 1～4 击，－7 m 以下土层的标贯击数在 4 击以上。

4 既有铁路路基动力特性测试

在列车行驶产生的动荷载激励作用下，铁路路基不可避免地会产生强迫振动，激发路基自基床到地基一定深度范围内的动力响应，如动应力、动位移、动加速度等。路堤填料和地基土频繁承受瞬态动应力作用，土粒长期受到振动影响，超过一定时限就会导致道砟松陷、路堤外鼓塌陷、路床密实度下降等路基病害。随着路基状态的恶化，减小振动的能力下降，振动应力影响加剧。对于长期疲劳运营、年久失修的既有铁路而言，振动应力影响更为显著，需要耗费大量的人力和物力养护，维持路基的正常使用状态。

由于列车荷载与轨道路基作用复杂，路基动力特性研究工作往往借助试验和现场实测手段。日本很早就开始开展路基动力性能研究，Fujikaka(1986)就新干线高速列车对环境振动影响进行了现场测试，分析了车辆、轨道、路基等不同位置的振动特点。新干线高速列车基床顶面进行的振动测试结果表明，基床顶面最大加速度(半幅)为 2～10 m/s^2，频率为 42～63 Hz，路基动应力实测结果表明，当车速超过一定数值后车速对路基应力也无影响，动应力随频率增大而增大，但增幅不明显。欧洲也非常重视利用现场测试技术研究路基动力响应问题，对软弱场地上高速列车引起的动力响应测试结果进行了分析，认为当列车车速接近某一临界值时，钢轨-路基-地面系统响应将会放大；西海岸铁路 X—2000 列车速度达到 200 km/h 时，列车和轨道中的最大振动位移达到 12 mm(Madshus 和 Kaynia，2000)。国内针对铁路路基问题研究，动力响应测试工作早在 20 世纪 60 年代就已经开始，根据近年来各线路完成的路基动力测试成果，统计基床顶面动应力和振动加速度峰值水平列于表 4-1 中。

表 4-1　基床表面动应力和加速度峰值实测结果

试验名称	是否软土	轴重(kN)	列车最高速度(km/h)	线路状态	应力最大值(kPa)	加速度最大值(m/s^2)
滨北铁路(徐家)	否	196	65	差	66.0	—
浙赣铁路(萧山)	是	200	70	差	68.0	—
京广铁路(韶关)	否	225	28	较差	70	—
萧甬复线	是	225	120	良好	67.2	—
京津铁路(杨村)	是	196	60	极差	185.0	—

续上表

试验名称	是否软土	轴重(kN)	列车最高速度(km/h)	线路状态	应力最大值(kPa)	加速度最大值(m/s^2)
秦沈线第一次	是	225	200	良好	57.2	4.3
秦沈线第二次	否	145	250	良好	53.4	5.4
广深铁路	是	230	160	差	51.6	—
合宁铁路	是	220	300	良好	90	5.88
沪宁铁路	是	—	136	差	72.5	—

铁路既有线现场测试既为分析既有线路基性状服务，同时也用于检验提速改造后的振动预测结果。金山铁路既有线的现场振动测试试验地点选择在上海金山铁路新闵支线沿线，于1959年建成，是金山铁路中建设最早的一段，线路两侧多分布河塘水网，路基病害多，改造难度大，工程状况复杂，在整个金山铁路线路范围内具有代表性。

4.1 试验目的

金山铁路提速影响路基稳定，危及列车行车安全，了解既有线承受动荷载的能力十分重要。路基动力性能包括振动特性、动应力传播或动变形，通过现场测试研究列车荷载下路基动力性能，确定路基的动力响应水平和特征，估算附加动应力在地基中传播深度，评价既有线路基提速前的工作状态；同时，根据路桥过渡段的动力响应特征，评价列车通过路桥过渡段的行车安全性。

现场动力测试方法是研究列车动荷载和路基动力响应特性最直接方法。通过既有线路基现场试验，直接获得路基在列车通过时的动力响应，采用现场动力测试方法得到以下数据：

(1)列车通过时既有线路基的振动响应水平和竖向衰减特性。

(2)基床顶面振动的时域和频域特性。

(3)既有线路桥过渡段基床顶面和轨道动力响应纵向分布特性。

4.2 试验方法

现场试验以竖向和横向(垂直于线路走向)振动加速度表征列车动荷载引起路基或轨道测点的振动量，通过记录测点在列车通过时间内加速度值变化时程反映振动时域特性，再利用FFT变换，得到测点振动加速度的频谱曲线，确得到列车动荷载引起的测点振动频域特性。

4.2.1 振动加速度时程记录

整个测试系统工作流程如图 4-1 所示，可按以下几个步骤测量振动加速度：

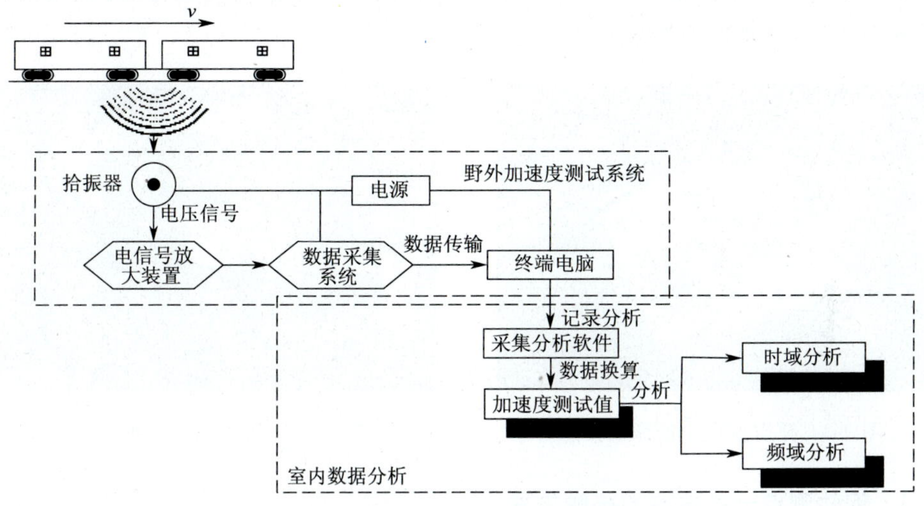

图 4-1 振动加速度测试流程图

(1)在测点安置拾振器，即加速度传感器，确保拾振器与所测点紧密接触，减少测得的加速度波形中出现的杂波和漂移值。根据测点的具体位置，确定拾振器与测点的接触方式。

(2)连接线缆，组成测试系统。测试系统由四部分构成，分别为拾振器、电信号放大器、数据采集系统和笔记本电脑。

(3)启动数据采集系统，当列车通过时，振动触发拾振器产生电信号，通过放大增益传输至数据采集系统，存储在笔记本电脑内。

(4)通过拾振器灵敏度系数换算输出实测加速度时程曲线。

现场测试情形如图 4-2～图 4-5 所示。拾振器与测点的接触条件直接影响到测试结果的精度，路基测点包含三种接触方式，分别为拾振器与基床顶面接触、拾振器与土接触和拾振器与钢轨接触。

图 4-2 振动加速度测试现场

4.2.2 路基测点一拾振器的接触方式

既有线尚处于营运状态，道床不宜钻挖，路基测点位于道床一侧的路肩和路堤坡脚。路肩表面碎石较多，凹凸不平，不宜安置拾振器，采用预制的混凝土块作为拾振器的底座，如图 4-3 所示。图 4-4 为坡脚处的测点与拾振器的接触方式，即将拾振器底座紧贴土体，保证两者紧密接触。

图 4-3 路肩测点一拾振器接触

图 4-4 坡脚测点一拾振器接触

4.2.3 钢轨测点一拾振器的接触方式

测试钢轨竖向加速度的拾振器的纵轴方向必须保持竖直，钢轨轨腰一侧没有水平的接触面，没有直接黏结拾振器底座。实际采用了一种由穿孔矩形薄钢板、软铁丝和折角钢板组成的紧固件，将矩形薄钢板通过软铁丝固定在拾振器一侧，再利用 502 胶水将其黏结在钢轨底部，实现钢轨测点与拾振器的紧密接触，如图 4-5 所示。

图 4-5 钢轨测点一拾振器耦合

4.3 试验内容

4.3.1 测试位置和内容

现场测试的工点有以下两处。

(1)位于金山铁路提速改造工程新闵支线普通路基段 XMK6＋090.5 断面和 XMK6＋710 断面。XMK6＋090.5 断面路堤高度为 3.5 m，XMK6＋710 断面路基高度为 4.0 m,靠近桥头。测试内容主要为同步测试路肩、坡脚、远点(距坡脚 10 m)的振动加速度,其中路肩和坡脚测点需测试竖向和横向(垂直于线路走向)两个方向的加速度,远点只测竖直方向的加速度。

(2)位于榆塘河桥的路桥过渡段,测试内容主要包括基床顶面和轨道沿线路方向的多点测试。

既有新闵支线运营列车主要为货车和一天两对通行的客车,为了弱化列车载重和车速的影响,便于结果对比,选定客车为测试车辆,客车编组形式为"1 动+8 拖",由 SS(韶山)3B 型电力机车牵引,由于既有线紧邻一侧新建二线施工,列车通过时限速值 43 km/h 左右,如图 4-6 所示。

图 4-6 测试列车现场照片

4.3.2 测试元件和设备

试验选用 RS1616—K 型动测仪作为数据采集系统,采样间隔为 10~65 536 μs 连续可调,16 位采样分辨率,6 通道接口。891—4 型拾振器属于动圈往复式拾振器,利用内部安置的往复摆的运动,建立输出电压与摆的加速度的比例关系,外测点运动引发摆的运动,从而使输出电压与测点运动的加速度建立正比关系。891—4 型拾振器灵敏度维持在 0.13 V·s^2/m 左右,阻尼常数为 3.5,基本尺寸为 ϕ42×78 mm,0.25 kg。

4.3.3 测试元件布置

试验采用多点布置、同步测试的方式,拾振器布置位置分为以下两种:

1. 普通路基

如图 4-7 所示,普通路基段路基测点分为 A1~A8 八个点,其中 A1 位于轨枕间的基床顶面,A2 位于路肩处的基床顶面;A3~A7 分别位于路堤坡脚处和坡脚以下深度为 0.5 m、1.0 m、1.5 m 和 2.0 m;A8 则位于距坡脚水平距离为 10 m 的地面。除了 A8

只测量竖向加速度，其他测点同时测量竖向和横向（垂直于线路方向）加速度。

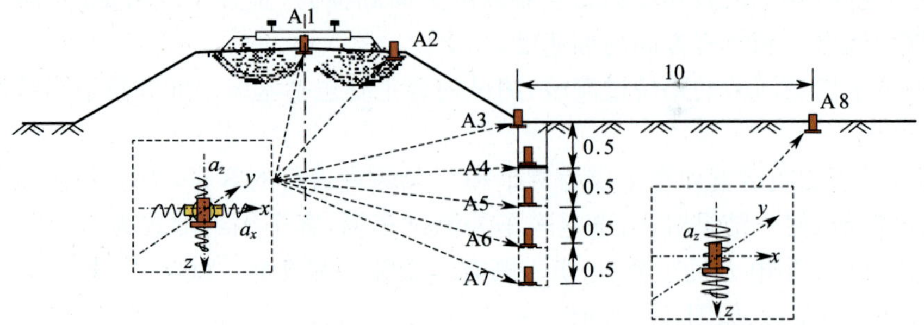

图 4-7 普通路基拾振器布置(m)

2. 路桥过渡段

路桥过渡段的测点沿路基纵向布置如图 4-8 所示，轨道振动测试时，在路桥过渡段 15 m 范围以内，距桥台 0、3 m、6 m、9 m、15 m 和 20 m 布置竖向加速度传感器，分别位于 B1、B2、B3、B4、B5 和 B6 点；选取 C1、C2 和 C3 作为路基基床顶面竖向加速度测点，分别位于距桥台 3 m、9 m 和 20 m 处。

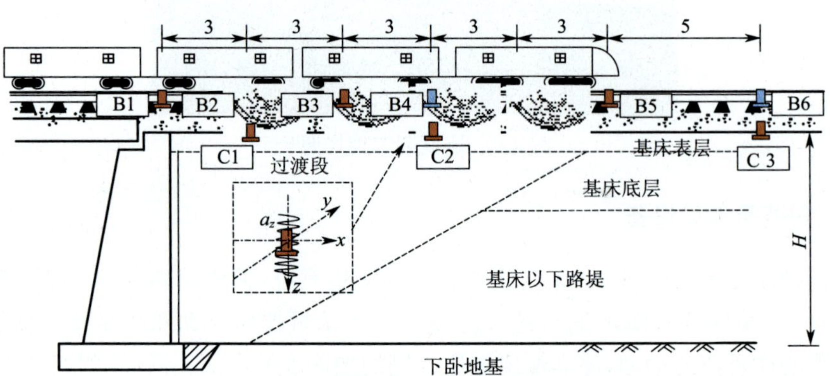

图 4-8 路桥过渡段拾振器布置(m)

4.4 测试分析

4.4.1 普通路基段

1. 基床顶面加速度

路基振动属于典型的强迫振动，振动强度与列车类型、通过速度、列车长度、轨道结构、路基自振特性等因素相关。当路基自振频率与列车轮轨作用频率接近时，产生共振，加剧路基土的振动，引起路基下沉，破坏轨道结构。

日本东海道新干线路基的自振频率范围为 15～20 Hz，最大加速度变动范围为 2.5～10 m/s^2，基床顶面的主要频率为 42～63 Hz。大秦重载铁路测得的路基基床自振频率为 16～40 Hz。列车轮轨作用频率的频域主要含有两种成分，一是与列车速度对应的过枕频率($f_1=v/l_c$，v 为列车速度，l_c 为标准轨枕间距)，二是轮对通过频率($f_2=v/l_a$，l_a 为列车轮对间距)。

(1)时程特征

图 4-9、图 4-10 和图 4-11 为 XMK6+90.5 和 XMK6+710 两个工点实测得到典型基床顶面加速度时程曲线，采样间隔本为 0.008 s，测试车辆包括客车和货车，加速度方向包括竖直和水平两个方向(垂直于路基线路走向)。振动的主要特征包括：

a. 波形特点：从图中加速度变化波形的时程形态中可以看出，波峰和波谷基本跳跃性成对出现，其峰值出现时刻与列车轮对经过时刻几乎一一对应，可以清晰地分辨出所测“1 动+8 拖”编组客车引起的加速度 38 个峰值，这与牵引机车 6 组轮对和所拖 8 节车厢 32 组轮对，共计 38 组轮对的轮对数量是完全一致的。从这一点可以说明，列车动荷载引起的路基振动强度与列车-轨道间的轮轨力作用频率和大小息息相关，列车通过引起的结构振动从轨道传递到路基，尽管经过轨枕、道床，振动强度有所削弱，但其与轮轨作用伴随出现的时域特点却被完整的保留下来，轮轨力峰值出现的几率与路基振动响应的峰值出现的几率应该基本一致。根据峰值出现的时间间隔，已知列车轮对轴距基本值为 2.4 m，推算列车当时的车速为 43.2 km/h 左右。

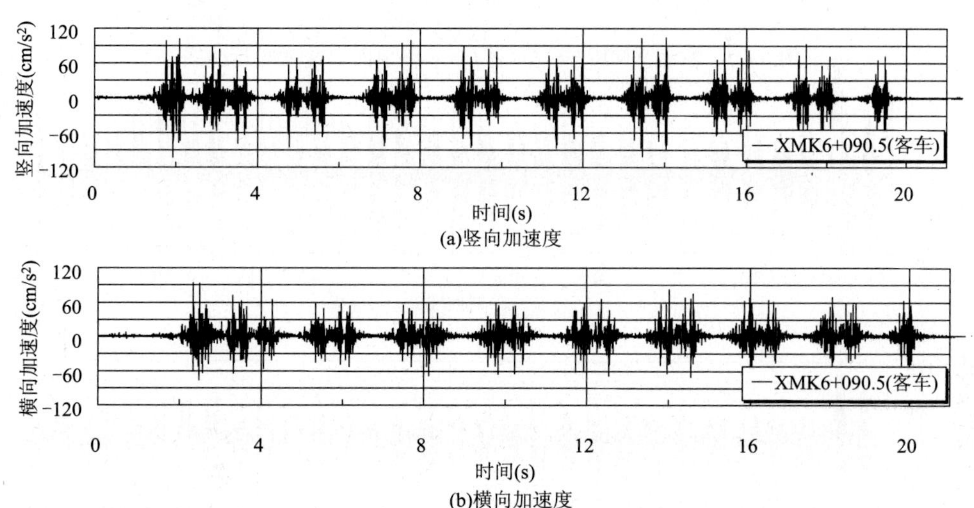

(a)竖向加速度

(b)横向加速度

图 4-9　断面 XMK6+090.5(客车)基床顶面加速度时程曲线

b. 周期性：除去牵引机车引起的振动加速度部分波形，图中加速度波形近似成周期变化，变化周期为 $T=L/v$，L 为单节车厢车体长度，每个周期存在四组轮对引起的加速度变化的四个峰值。

c. 幅值峰值：实际测试中，基床顶面加速度测试共 12 次，包括 7 次客车和 5 次货车，表 4-2 列出了所测加速度峰值的统计结果。以既有铁路现有的路基状况水平和现行列车行驶速度，普通路基段基床顶面的客车竖向加速度平均值为74.2 cm/s²，货车竖向加速度平均值为 85.4 cm/s²；客车横向加速度平均值为 69.5 cm/s²，货车横向加速度平均值为 87.1 cm/s²，横向振动比竖向振动加速度略小，表现为列车动荷载竖向动力作用下，路基同时产生一定程度的横向振动。

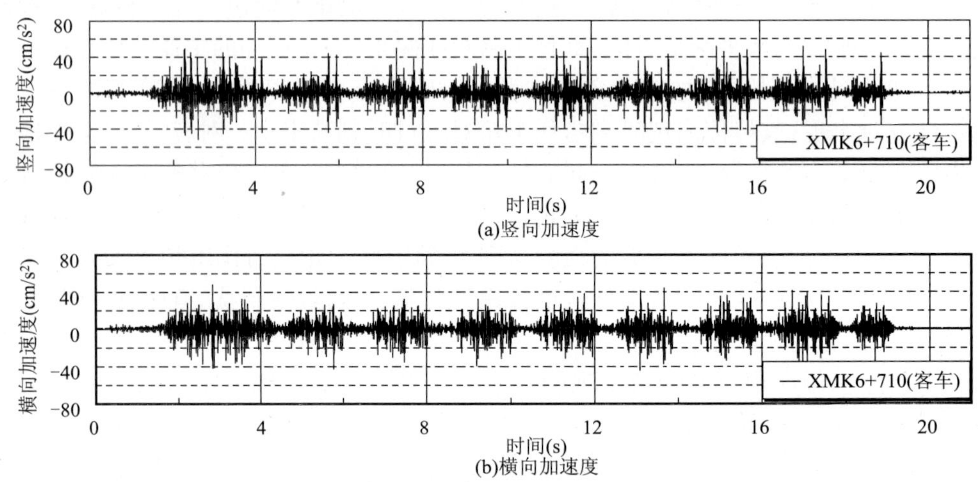

图 4-10　断面 XMK6＋710(客车)基床顶面加速度时程曲线

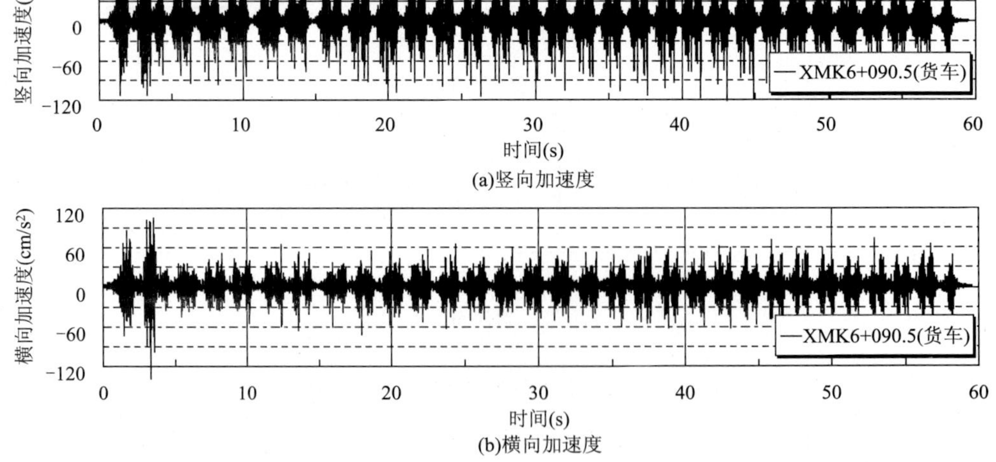

图 4-11　断面 XMK6＋090.5(货车)基床顶面加速度时程曲线

表 4-2　基床顶面加速度幅值峰值统计

测试车辆	测试次数	竖向加速度(半幅)(cm/s²)		横向加速度(半幅)(cm/s²)	
		单次变动范围	平均值	单次变动范围	平均值
客车	7	50.9～97.5	74.2	46.2～92.9	69.5
货车	5	60.4～110.4	85.4	57.8～116.4	87.1

(2)频域特征

现场测得加速度信号在时域范围内其实是按一定采样间隔采集的离散数据点。为了得到波形中包含的频率特点,需要进行离散 Fourier 变换,数学表示为:

$$A(k)=\sum_{i=1}^{N}a_i\mathrm{e}^{-2\pi j(k-1)(i-1)/N}\quad 1\leqslant k\leqslant N \tag{4-1}$$

式中　a_i——测得离散的加速度值。

利用 FFT 技术,对加速度时程曲线进行离散 Fourier 变换,得到如图 4-12 和图 4-13所示的幅频曲线。从图中可知,对应现行速度条件下的过枕作用频率为 22 Hz($f_1=v/l_c$,其中 v 等于 43.2 km/h,l_c 取标准轨枕间距为 0.545 m)。

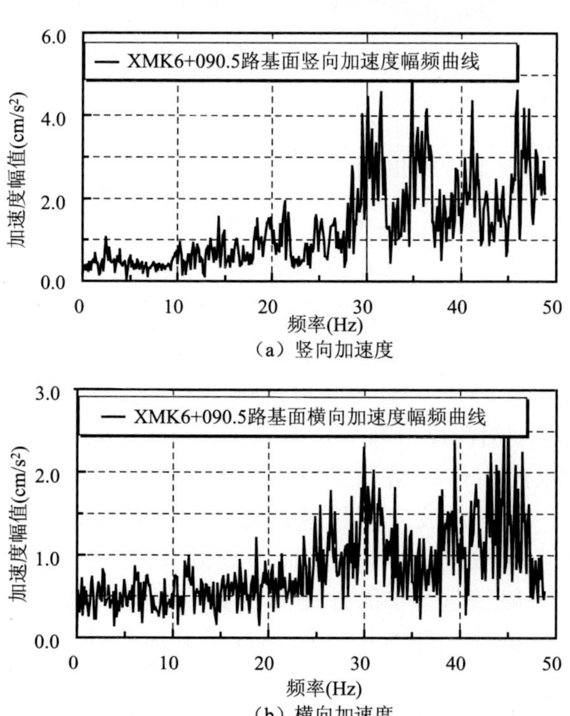

(a) 竖向加速度

(b) 横向加速度

图 4-12　断面 XMK6＋090.5 基床顶面加速度幅频曲线

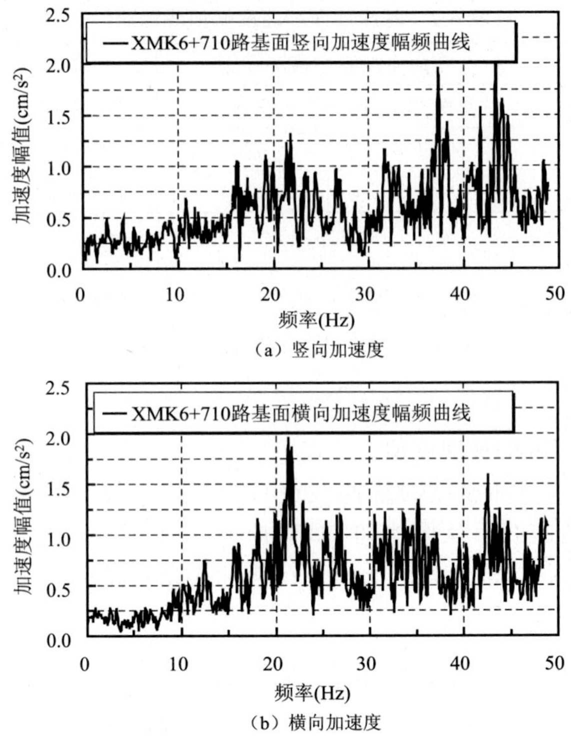

(a) 竖向加速度

(b) 横向加速度

图 4-13　XMK6＋710 基床顶面加速度频幅曲线

由于路基自振频率集中 20 Hz 左右，当过枕频率与路基自振频率相等时，路基即会因共振，图中在频率为 22 Hz 位置处明显存在峰值，尤其在 XMK6＋710 段，路基自振频率与过枕频率接近，幅值在频率为 22 Hz 处大幅增加，横向加速度幅频曲线中甚至集中了整个振动过程中的主要能量，整个幅频曲线中能量最为集中的频段范围集中在 22 Hz 附近。

2. 路基土中加速度沿深度分布

轨道受列车激振产生传入路基土的应力波，包括剪切波、纵波和表面波，其中表面波为主要成分。在应力波向下传递的过程中，路基土各质点随之产生振动。由于存在阻尼或能量耗散，应力波自上而下逐渐衰减，路基土质点的振动强度也随深度逐渐下降。一般情况下，状态良好的路基能够衰减大于 80％的动应力，同时大幅衰减土中的振动。路基土的振动量的衰减特性可用于评判既有线路基状态。

图 4-14 所测既有铁路两处路基断面基床顶面、坡脚、距坡脚 10 m 处地面，以及坡脚位置处地面以下 0.5 m、1.0 m、1.5 m 和 2.0 m 的竖向加速度和横向加速度的时程曲线，主要截取前两节车体通过时的波形。可以看到，图中不同位置测点所测波

形存在相位差,竖向振动和横向振动峰值从轨枕间道床-基床顶面-坡脚-坡脚外 10 m 处地面都存在明显的衰减,但自地面以下 2 m 范围表层土内振动量存在一定程度的放大现象。表 4-3 为测点加速度峰值的统计,反映测点的横向和竖向加速度变化幅度情况。

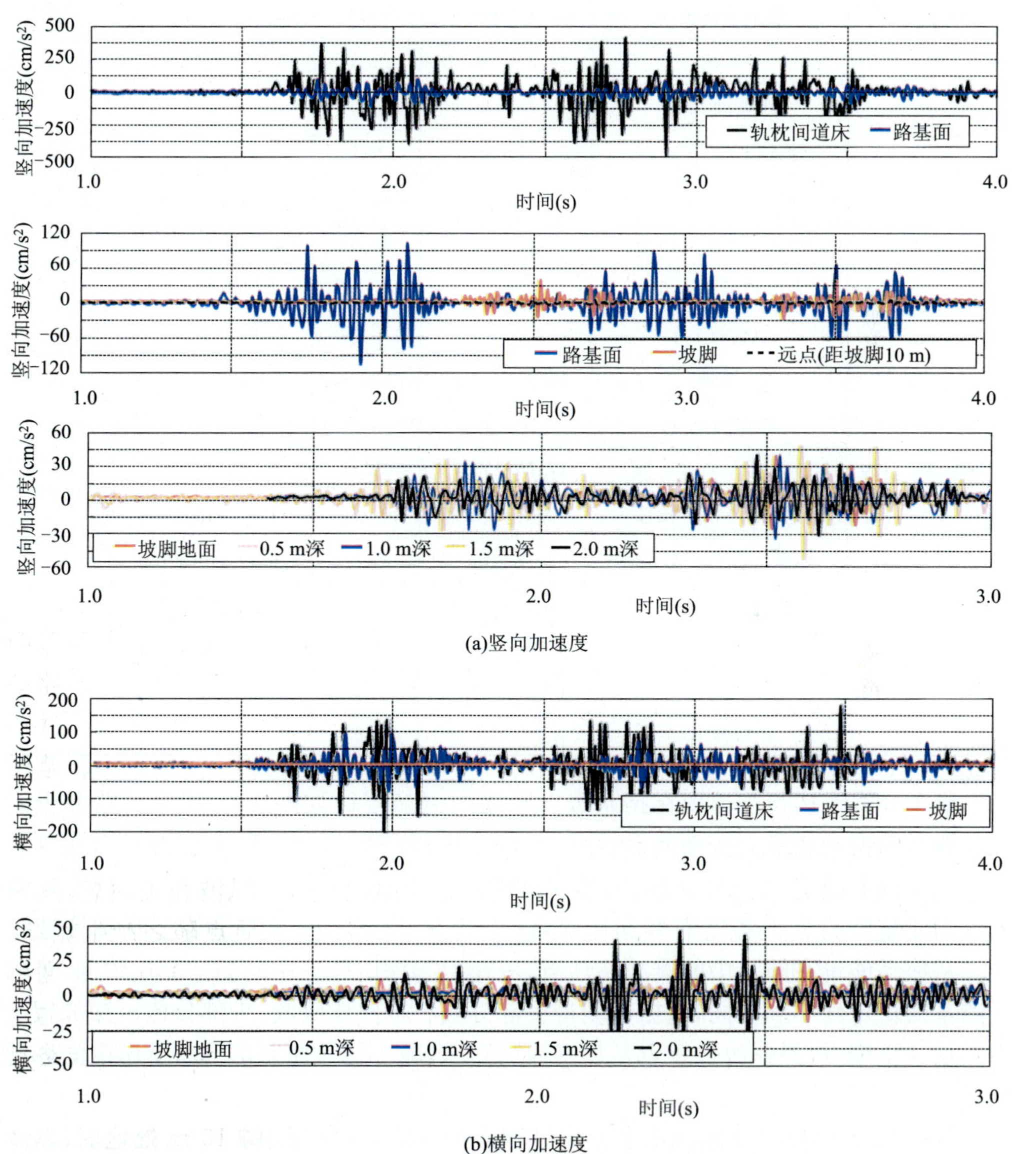

图 4-14 断面不同位置加速度典型时程曲线的对比

表 4-3 断面不同测点加速度峰值统计

测试工点	测点位置	竖向加速度峰值(cm/s^2)		横向加速度峰值(cm/s^2)	
		变动范围	平均值	变动范围	平均值
XMK6+90.5(货)	轨枕间道床	114.71～250.1	200.4	83.06～200.4	112.95
	路肩基床顶面	86.20～115.40	98.1	60.07～104.67	74.87
	坡脚	19.27～41.83	25.69	9.04～14.14	10.02
	距坡脚 10 m	5.13～7.67	6.0	—	—
	地面以下 0.5 m 深	22.61～49.14	26.7	16.17～25.37	18.87
	地面以下 1.0 m 深	26.79～38.76	30.57	12.02～17.56	13.68
	地面以下 1.5 m 深	25.38～47.67	24.88	12.58～24.55	15.22
	地面以下 2.0 m 深	37.62～60.65	37.62	32.75～47.96	38.29
XMK6+90.5(客)	轨枕间道床	56.79～119.95	73.14	71.30～125.06	84.78
	坡脚	18.95～40.19	23.32	6.32～8.59	6.95
	距坡脚 10 m	3.73～6.47	4.35	—	—
	地面以下 0.5 m 深	17.76～33.75	22.64	5.73～8.43	6.66
	地面以下 1.0 m 深	20.33～40.73	24.88	11.50～18.39	13.46
	地面 1 以下 1.5 m 深	22.72～44.65	27.08	6.11～8.22	5.23
	地面以下 2.0 m 深	28.66～59.01	32.79	23.58～53.54	35
XMK6+710(客)	路基面	36.09～51.01	42.17	26.31～48.40	31.9
	坡脚	12.71～18.95	14.36	6.32～14.30	7.39
	距坡脚 10 m	3.73～14.30	4.95	—	—

货车和客车运行加速度在路基竖向和横向衰减规律如图 4-15 所示。路基土的加速在竖向振动和横向振动明显衰减，客货车运行产生的竖向加速度沿竖向在既有线路基床内衰减了 73.8%，竖向加速度沿横向在 10 m 外衰减了 76.6%。列车运营的振动能量中的 70%被既有线路床吸收，大约有 30%的振动能量传至既有线地基中。从振动能量在路基中的衰减特性看，提速引起深层软土中的振动能量增加，对软土路基的稳定性不利。同时，振动能量大部分被上部路床吸收，少部分传至深部软土中。从这角度讲，提速改造重点是加固浅层路床，减小传至路基深部软土层中的振动能量。

图 4-16 为沿路基横断面水平方向各测点加速度幅值峰值的分布情况，包括基床顶面中心、路肩、路堤坡脚和距坡脚 10 m 的地面。从图中可知：随着距基床顶面中心横向距离增加，竖向加速度和横向加速度都呈现衰减趋势，在路基基床以内衰减迅

速。综合客货车测试结果,到路堤坡脚为止,竖向振动量衰减了87%,横向振动量衰减了91%。基床顶面加速度分布不均,在基床顶面,轨枕中心处的竖向和横向加速度分别是路肩部位的2倍和1.5倍。

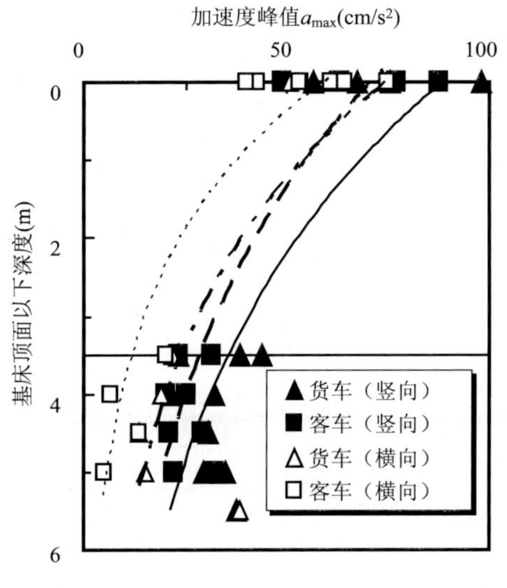

图4-15　加速度的竖向分布

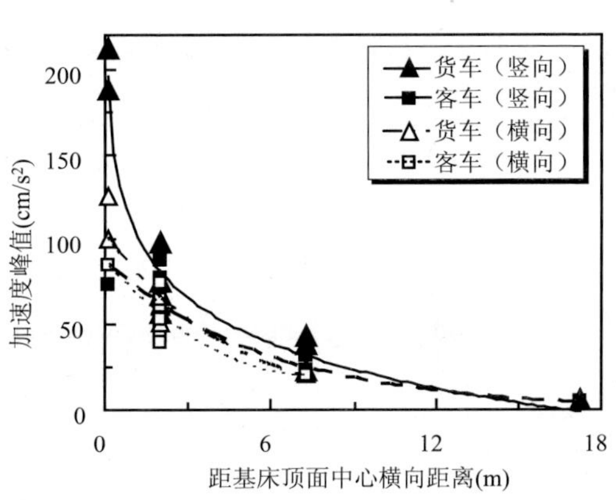

图4-16　加速度的横向分布

4.4.2　路桥过渡段

路桥过渡段路基结构沿线路方向有较大差异,一般呈正梯形或倒梯形分布,路基刚度和轨道支承刚度沿路线纵向存在差异。因此,列车荷载长期作用下,路桥过渡段的长度范围内容易产生纵向不均匀变形,受力分布特性间接地反映在振动量沿路线纵向分布的差异上。对榆塘河桥桥台背后20 m以内轨道和基床顶面布置振动测点,测试工况分为列车上桥和下桥两种。

图4-17和图4-18分别为距桥台背不同距离的轨道测点在列车上、下桥时加速度时程曲线,上桥测点选择三个点与下桥测试结果比较。下桥测试点一共六点,分别距桥台背0、3 m、6 m、9 m、15 m和20 m。从图中加速度时程曲线波峰波谷的分布范围看,路桥过渡段内加速度时程曲线沿路线纵向明显存在差异,列车下桥时引起轨道测点的振动量大于上桥时。

图4-19和图4-20为所测基床顶面测点在列车上桥时竖向加速度时程曲线,测点选取不同位置的三点,分别距桥台背3 m、9 m和20 m。图中表现出与轨道测试结果相同的规律,即加速度时程曲线沿路线纵向差异明显,下桥时引起基床顶面的振动量大。

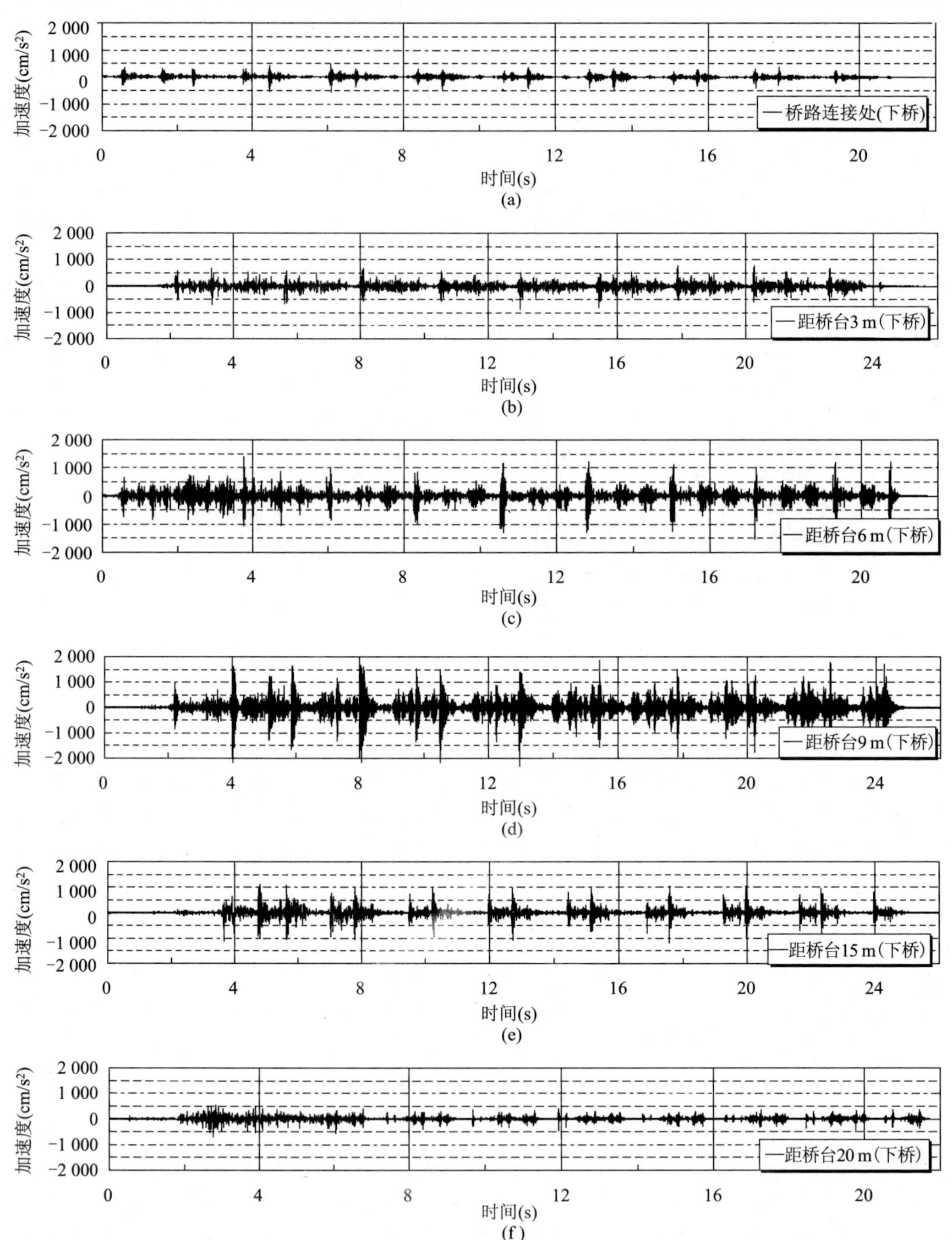

图 4-17 列车下桥时轨道竖向加速度时程曲线

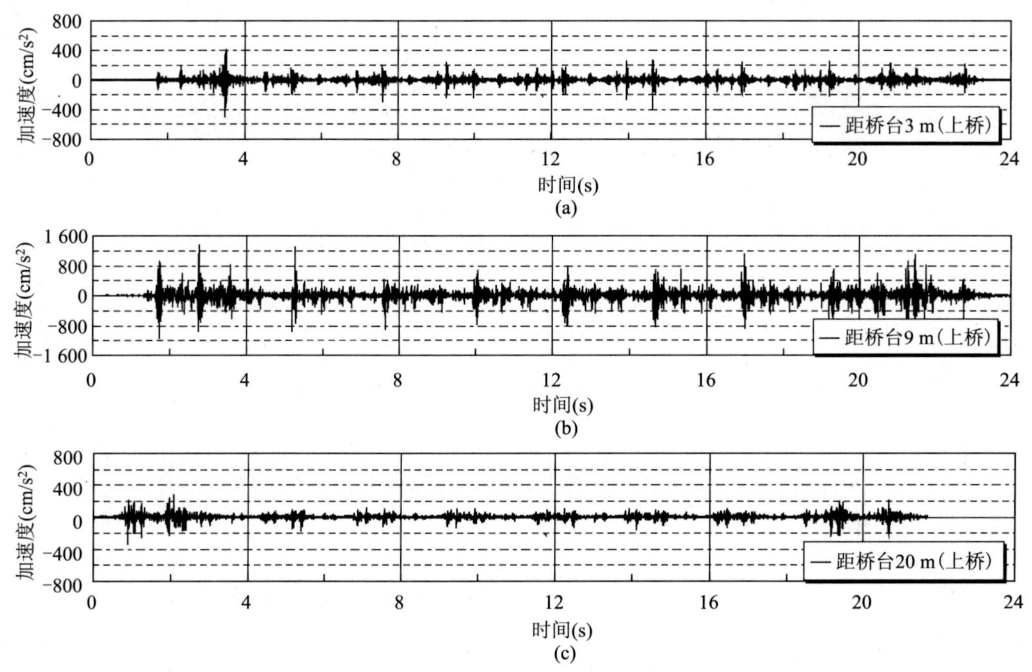

图 4-18　列车上桥时轨道竖向加速度时程曲线

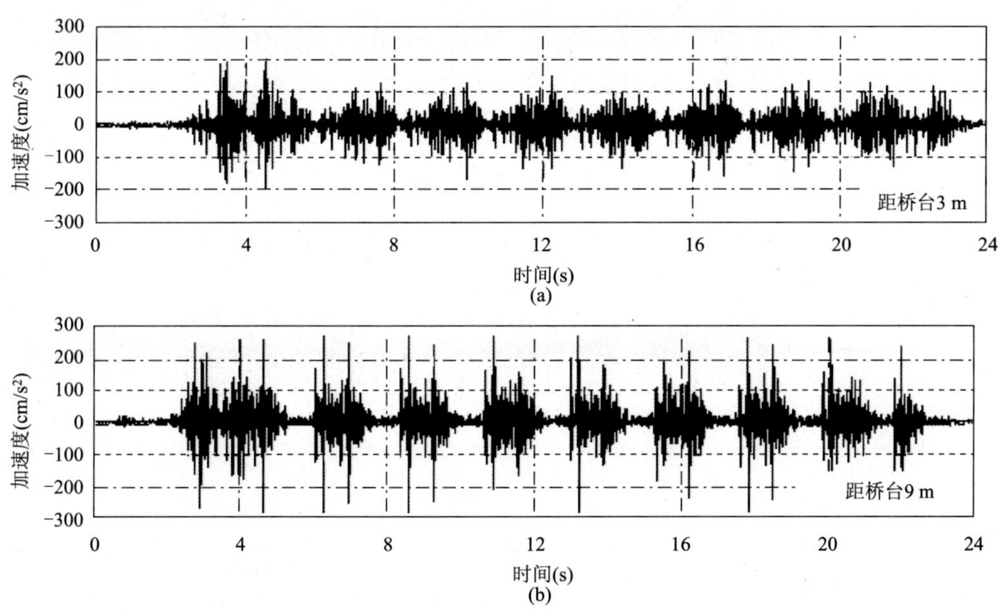

图　4-19

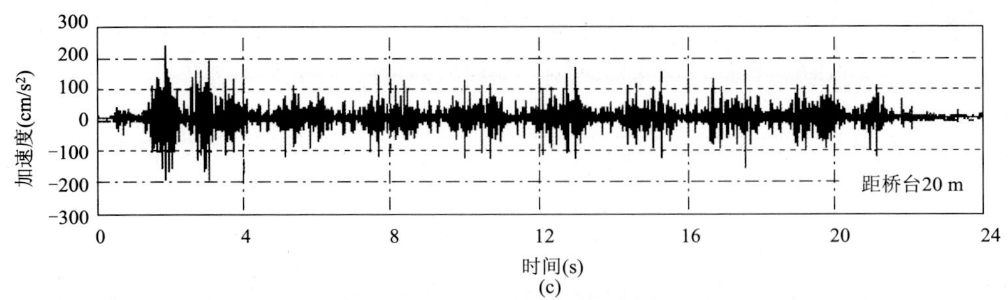

(c)

图 4-19　列车下桥时基床顶面竖向加速度时程曲线

(a)

(b)

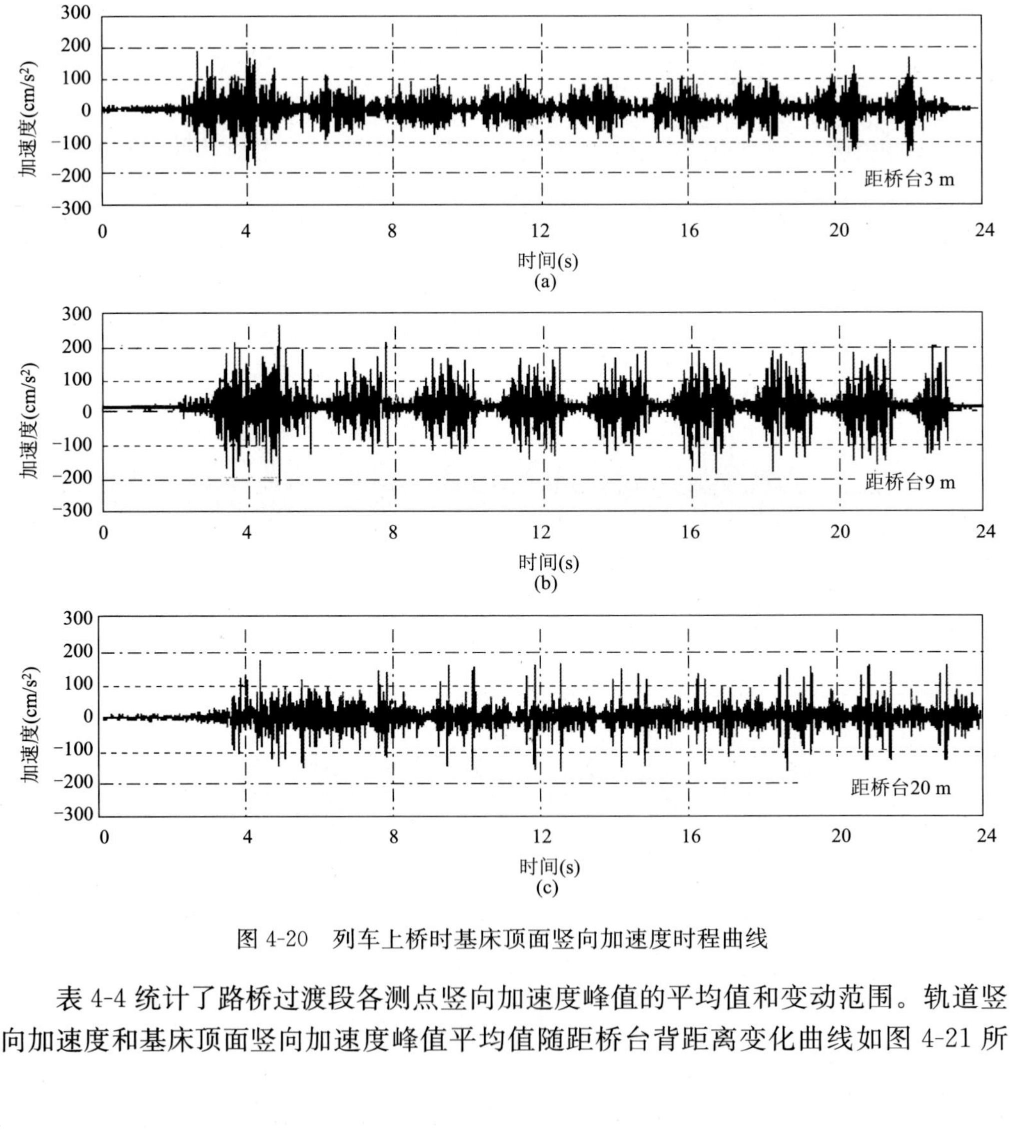

(c)

图 4-20　列车上桥时基床顶面竖向加速度时程曲线

表 4-4 统计了路桥过渡段各测点竖向加速度峰值的平均值和变动范围。轨道竖向加速度和基床顶面竖向加速度峰值平均值随距桥台背距离变化曲线如图 4-21 所

示。从图中可知：路桥过渡段 20 m 范围内，轨道和路基竖向振动强度随距桥台背的距离增大先增加后减小；距离较小时，振动峰值随距离增大迅速增大；当距桥台背距离达到 9 m 左右时，振动峰值随距离变化曲线到达最大值，然后随距离增大逐步减小；当距桥台背距离达到 20 m，超出路桥过渡段长度范围时，测点振动峰值量降至与路桥连接处相同。由此可见，路桥过渡段振动加速度沿路线纵向分布呈现中间大、两端小的特点，振动加速度差异显著，振动量在距桥台 8～10 m 位置处达到最大。从图中针对列车上桥和列车下桥两种情况下曲线的对比可知，两种情况下路桥过渡段内轨道或基床顶面加速度峰值纵向分布规律基本一致，都呈现了随距桥台背距离增加先增大后减小的特点。但是，比较两种情况下的振动水平，列车下桥产生的轨道和基床顶面的振动明显比列车上桥时的大。

表 4-4　路桥过渡段不同测点加速度峰值统计

距桥台背距离(m)	轨道加速度幅值峰值(cm/s²)				基床顶面加速度幅值峰值(cm/s²)			
	列车上桥		列车下桥		列车上桥		列车下桥	
	范围	平均值	范围	平均值	范围	平均值	范围	平均值
0	—	—	261～471	314	—	—	—	—
3	162～389	232	470～779	596	103～181.0	124.2	111～207.2	142.0
6	—	—	774～1 393	1 000	—	—	—	—
9	660～1 360	882	1 344～1 851	1 548	156.5～178.8	156.5	156～199.8	219.6
15	—	—	742～1 115	898	—	—	—	—
20	120～280	169	327～544	393	113.3～176.7	136.5	119.8～247.5	148.4

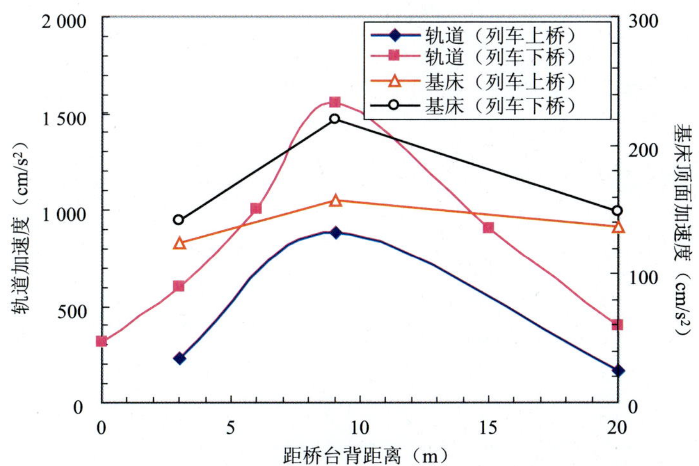

图 4-21　路桥过渡段测点竖向加速度峰值纵向分布曲线

4.5 小　　结

根据以上的试验结果，可以得到以下几点结论。

(1)既有线在现有路基状态较差，列车营运速度较低的条件下，普通路段的基床顶面的客车竖向加速度平均值为 74.2 cm/s^2，货车竖向加速度平均值为85.4 cm/s^2；客车横向加速度平均值为 69.5 cm/s^2，货车横向加速度平均值为 87.1 cm/s^2。路桥过渡段路基振动加速度相对较大，竖向加速度平均值为 142～219.6 cm/s^2，最大值为 199.8～247.5 cm/s^2。列车动荷载引起的基床顶面振动能量主要集中 22 Hz 附近。

(2)路基振动加速度沿基床顶面向路堤坡脚明显衰减，在既有线路床内沿深度加速度峰值衰减了73.8%，沿水平方向 10 m 范围加速度衰减了 76.6%，传到既有线地基中的振动能量大约为 30%，70%的振动能量被上部路床吸收，提速改造重点是加固浅层路床。

(3)路桥过渡段 20 m 范围内，路桥过渡段振动水平纵向分布呈现中间剧烈、两端小的特点，差异变化显著，振动量在距桥台 8～10 m 位置处达到最大，列车下桥产生的轨道或基床顶面的振动明显比上桥时的剧烈。

5　既有铁路路基动力响应分析

近年来，随着我国GDP的高速增长，既有铁路运力不足的现状日益凸显，部分铁路运能仅能满足运量的40%。既有线路基病害严重，运营速度下降，加剧了运力下滑，迫切要求既有线大面积提速改造。金山铁路改造工程正是为了缓解这种需求压力应运而生，设计目标提速160 km/h，相比现行速度提升2～4倍。既有线路基设计标准低、病害多，阻止振动和衰减动应力能力差，列车速度提升必然会加强轨道系统的振动，增加动应力水平，使路基产生有变形等不良影响。路基状态的恶化，又导致轨道结构破坏，振动加剧，影响行车安全，如此产生恶性循环。路基结构是轨道系统的基础，加固路基结构是保证轨道平稳安全，满足提速条件的重要前提。

从前一节的现场振动试验结果表明，提速之前既有铁路基床和路堤本体能够吸收从道床传递振动能量70%，仍有30%左右的振动能量传递到地基中。为了不妨碍既有铁路线的营运，现场振动试验测点只能放置路堤坡脚，而不是在轨道正下方的路堤中，振动在路基土横向传播中能量存在衰减，因此现场振动试验结果偏于保守。为了得到列车动荷载作用下既有线基床顶面以下振动能量沿深度方向的实际分布，确定路基内附加动应力影响范围，需要借助数值方法，建立基床-路堤-地基整体动力分析模型，可利用反分析理论，调整相关计算参数，使测点计算值与实测值吻合，从而借助该模型推算计算实测点以外各点的响应值。为了反映线路提速对路基动力性能的影响，可在基床-路堤-地基整体动力分析模型中引入速度因素，输入实测速度，根据计算结果与实测结果比较反演计算参数，预测提速产生的动力影响。

根据动力响应特性，将路基-场地从车辆-轨道-道床-路基耦合大系统中脱离出来，建立以实测值为系统激励的计算模型，分析整个路基-场地体系动力响应特性；同时根据实测的动力响应，利用反分析理论，建立以速度为变量的动力分析模型，研究既有线在提速过程中路基动力响应与速度的相关性，评价提速对既有线路基状态的影响。

5.1　分析模型

5.1.1　动力方程及其求解

行车荷载对路基结构的作用属于一个动态的过程，不同于静力计算情况，行车荷载是随时间变化、与质量有关的惯性力。由牛顿第二运动定律可得路基系统质点的动力响应平衡方程：

$$Mu'' + I = F(t) \tag{5-1}$$

$$I = Ku + Cu' \tag{5-2}$$

式中　M——系统的质量；

C——系统的阻尼；

K——系统的刚度；

$F(t)$——系统动载荷；

I——系统内力，来源于运动（如阻尼）和结构变形。

应用弹性动力学的 Hamilton 变分原理，由式(5-1)、式(5-2)可得到考虑阻尼的线性系统动力方程的有限元形式：

$$[M]\{u''\} + [C]\{u'\} + [K]\{u\} = \{F(t)\} \tag{5-3}$$

式中　$[M]$、$[C]$和$[K]$——系统的质量矩阵、阻尼矩阵和刚度矩阵；

$\{u\}$、$\{u'\}$和$\{u''\}$——位移、速度和加速度向量；

$\{F(t)\}$——系统动载荷。

求解式(5-3)描述的有限元动力方程，ABAQUS 的求解方法为隐式直接积分格式和显式中心差分格式。显式积分算法与隐式积分算法往往能够得到近似相同的结果，针对单元数量较多的三维模型，显示积分计算收敛容易，计算步相对较少，计算成本小于隐式计积分算法。所以，三维模型计算采用显式积分算法求解动力平衡方程。

ABAQUS/Explicit 显式算法利用前一个增量步的动力学条件计算下一个增加步的动力学条件。在增量步开始时，程序求解动力学平衡方程，表示为用节点质量矩阵 M 乘以结点加速度 u'' 等于结点的合力：

$$Mu'' = P - I \tag{5-4}$$

结点计算加速度在当前增量步开始时(t 时刻)为：

$$u''|_{(t)} = (M)^{-1} \cdot (P - I)|_{(t)} \tag{5-5}$$

式中　P——所施加的外力；

I——单元内力。

采用中心差分方法对结点加速度在时间上进行积分，在计算速度时假定加速度为常数。用速的变化量加上一个增量步中点速度来确定当前增量步中点速度：

$$u'|_{(t+\Delta t/2)} = u'|_{(t+\Delta t/2)} + \frac{\Delta t|_{(t+\Delta t)} + \Delta t|_{(t)}}{2} u''|_{(t)} \tag{5-6}$$

增量步结束时的位移等于速度对时间的积分加上在增量步开始时的位移：

$$u|_{(t+\Delta t)} = u|_{(t)} + \Delta t|_{(t+\Delta t)} u'|_{(t+\Delta t/2)} \tag{5-7}$$

在增量步开始时系统提供了满足动力学平衡条件的加速度。根据加速度，可以显式地向前推速度和位移。显式即指在增量步结束时的状态仅依赖于该增量步开始的位移、速度和加速度。为了使该方法产生精确的结果，时间增量必须相当小，其最小增量主要由应力波通过模型最小尺寸的单元的时间决定。

5.1.2　有限元模型和参数

1. 计算区域

按照工点 XMK6+090.5 路基结构和场地土层条件，确定如图 5-1 所示的计算模型。路基结构包括厚度为 0.6 m 的基床表层、厚度为 0.9 m 的基床底层和厚度为 2.0 m 的路堤本体。场地土层按试验场地实际条件取 7 层，包括②—1 粉质黏土、③—1 淤泥质粉质黏土、④—1 淤泥质粉质黏土、⑤—1 粉质黏土、⑤—2 粉土、⑤—3 粉质黏土及⑤—4 粉质黏土，其中③—1、④—1 为主要的软土层，各层土的厚度如表 5-1所示。整个计算区域 x 方向最大取 180 m，y 方向自地面以下深度最大至55.5 m。

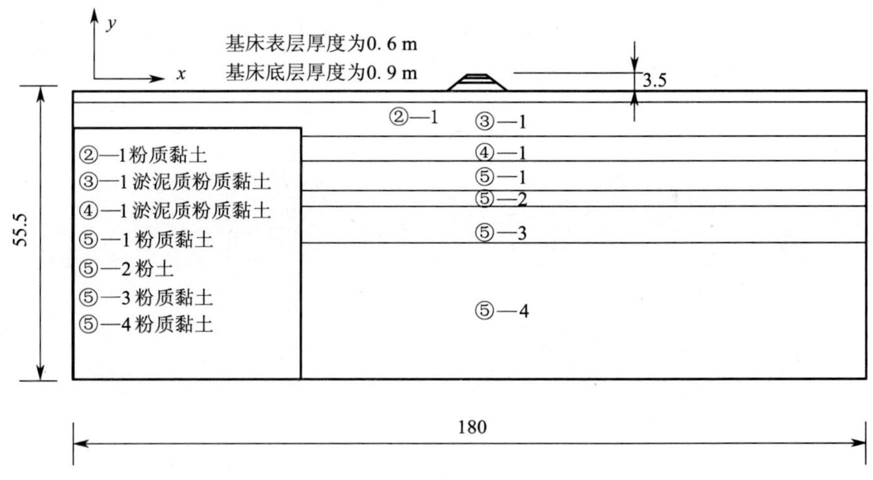

图 5-1　计算模型图(单位:m)

表 5-1　计算参数

材料名称	层厚(m)	密度(kg/m³)	剪切波速(m/s)	弹性模量(MPa)	泊松比
基床表层	0.6	1 950	175	150	0.25
基床底层	0.9	1 900	150	110	0.25
路堤本体	2.0	1 800	100	50	0.35
②—1 粉质黏土	2.5	1 915	100	49.8	0.30

续上表

材料名称	层厚(m)	密度(kg/m³)	剪切波速(m/s)	弹性模量(MPa)	泊松比
③—1 淤泥质粉质黏土	8.0	1 830	100	83.5	0.35
④—1 淤泥质粉质黏土	6.0	1 785	130	128	0.40
⑤—1 粉质黏土	7.0	1 800	160	191	0.47
⑤—2 粉土	3.0	1 870	190	372	0.47
⑤—3 粉质黏土	9.0	1 855	260	558	0.47
⑤—4 粉质黏土	20.0	1 985	320	598	0.47

2. 三维计算模型

根据已确定的计算区域，沿线路方向取 75 m，约为三节普通列车长度。建立既有线路基的三维有限元模型，网格如图 5-2 所示。

单元类型为 8 节点三维实体单元 C3D8，单元数量为 55 686，节点数量为 61 302。为了控制计算成本，模型取 1/2 对称结构，且加载区域局限在中心线外 20 m 范围以内，在该区域网格进行局部加密，场地土层只取四层，包括主要的软土层③—1、④—1与相对较硬的②—1 和⑤—1。在外围边界处，设置了一层尺寸相对较大的边界单元——无限单元 CIN3D8，作为吸收反射波的投射边界。

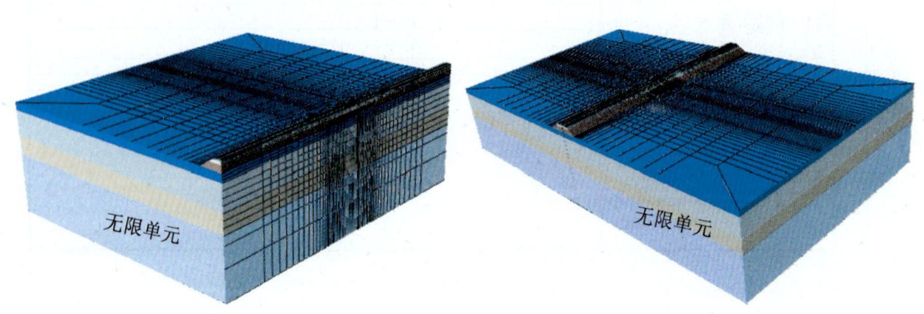

图 5-2　三维有限元网格及无限元边界

3. 计算参数

分析路基振动，路基变形处于弹性状态，因此动力有限元分析土体仍采用弹性本构关系。在动力计算中采用动弹性模量，动弹性模量与剪切模量和剪切波速存在相关关系，一般大于静力条件下的模量。在半空间介质中，路基面上作竖向激振时，产生纵波(压缩波)、横波(剪切波)和瑞利波。如果以 v_p、v_s 和 v_R 分别代表三种波在土中传播速度。根据弹性波理论，波速与动剪切模量和动弹性模量存下以下关系：

$$v_s = \sqrt{\frac{E_d}{2\rho(1+\mu)}} = \sqrt{\frac{G_d}{\rho}} \tag{5-8}$$

$$\frac{v_p}{v_s} = \sqrt{\frac{2(1+\mu)}{1-2\mu}} \tag{5-9}$$

$$\frac{v_r}{v_s} = \frac{0.87+1.12\mu}{1+\mu} \tag{5-10}$$

式中 v_s——剪切波速；

v_p——压缩波速；

v_r——瑞利波速；

E_d——动弹性模量；

G_d——动剪切模量；

ρ——材料密度；

μ——泊松比。

路基土的剪切波速按照路基现有的密实状态取定，既有线密实度低，基床状态较差，瑞利波速介于 130～190 m/s 之间；按表 5-1 中的剪切波速计算得到的基床表层和基床地层的瑞利波速分别为 160 m/s 和 140 m/s，代表既有铁路现有状态。

5.1.3 有限元计算

在进行具体路基振动问题的动力有限元分析时，三维模型和二维模型分析的一般步骤略有不同，动力分析步采用显示中心差分计算格式(Expilcit 模块)计算，包括以下几个步骤。

(1)划分网格，建立三维有限元模型，构造无限元边界。在静力计算模块(Standard)进行地应力平衡，形成初始应力场。

(2)采用静力计算结果导入动力分析步方法(Import)，将第一步得到的初始应力导入动力分析步。

(3)接入实现移动荷载的 FORTRAN 子程序，进行 Explicit 动力计算。

5.2 列车荷载模拟

目前我国铁路路基设计和沉降计算所采用的列车荷载一般以静力条件为主，《铁路路基技术规范》建议的“换算土柱法”，即将轨道和列车荷载换算成一定分布高度和宽度的土柱进行计算；《京沪高速铁路线桥隧站设计暂行规定》“暂行规定”建议将列车竖向活载乘以动力系数 1.5 后得到列车荷载，简称 ZK 标准活载。这两种列车荷载的等代方法都以静力计算为基础，忽略列车-轨道-路基荷载短期动态作用过程，无法用现场实测结果检验。为了有效地反映列车对路基的动力作用,提出了一种新的列车荷载模拟方法。

利用子结构法求解路基动力问题时,输入到基床顶面的动荷载通常是由上部轨道结构与车辆耦合动力方程求解得到的理论值,计算过程复杂,不能反映质点的振动特征。为了反映真实情况,结合现场振动试验所得的实测值,借鉴结构抗震和地震分析方法,建立以实测加速度为激振荷载的动荷载输入方法。

图 5-3 即在金山铁路新闵支线 XMK6+90.5 断面测得的基床顶面竖向和横向加速度时程曲线,车辆是“1 动+8 拖”的编组客车,实测运营速度约为 43.2 km/h。根据波形分布可知,基床顶面测点加速度变化与列车轮相对测点的距离密切相关,距离越小,加速度幅值越大,轮对经过测点时出现峰值。在有限元模型基床顶面各节点输入实测的加速度,近似模拟现场列车通过时作用在基床顶面上的动荷载,实现模型激励振源的施加。

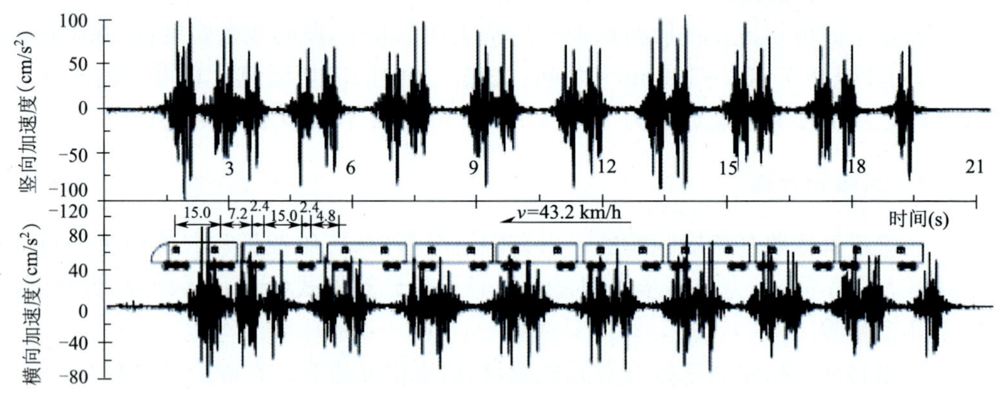

图 5-3 基床顶面实测振动加速度时程曲线

有限元动力分析时,将实测基床顶面 x 和 y 两个方向的加速度时程数据导入有限元程序,建立对应节点加速度时程变化边界条件进行计算。

路基动力特性分析采用激励形式加速度激励,路基动力特性的计算结果主要包括振动加速度、动应力、动变形等动力学指标,给出通过应力分析得到的动力影响深度和附加沉降。

5.3 计算分析

5.3.1 振动加速度

现行速度下的激振源采用基床顶面的实测加速度。图 5-4 所示的节点 249、节点 609

和节点 1 288 分别对应现场试验中基床顶面、路堤坡脚和远点(距坡脚 10 m)的三个测点。

将计算的竖向加速度时程曲线与实测值进行对比,如图 5-5～图 5-7 所示。从图中实测值和计算值的波形和幅值分布特点来看,两者基本保持一致。表 5-2 列出现场实测和计算得到的各点竖向加速度变动范围和最大值,以及坡脚、远点(距坡脚 10 m)相对基床顶面加速度衰减百分比,计算值接近现场实测结果,计算得到从基床顶面到坡脚的竖向加速度峰值衰减了 68.7%,现场实测结果为 69.8%,两者相对误差不超过 2%;从基床顶面到 10 m 远点,计算得到的竖向加速度峰值衰减了 92.5%,现场实测结果为 94.4%,相对误差同样不超过 2%,数值计算结果与现场实测结果基本一致。

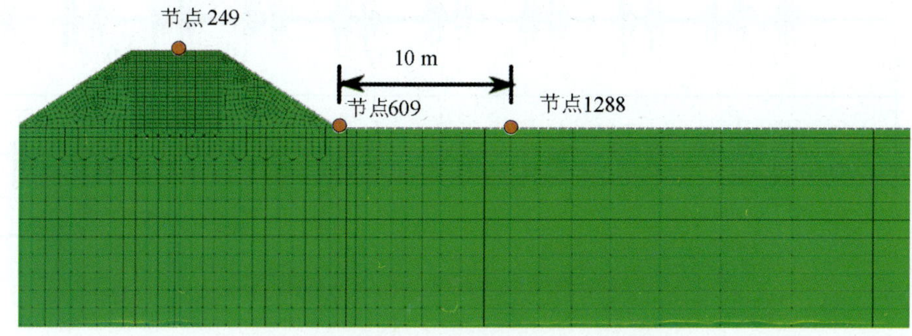

图 5-4 实测值与计算值对比点示意图

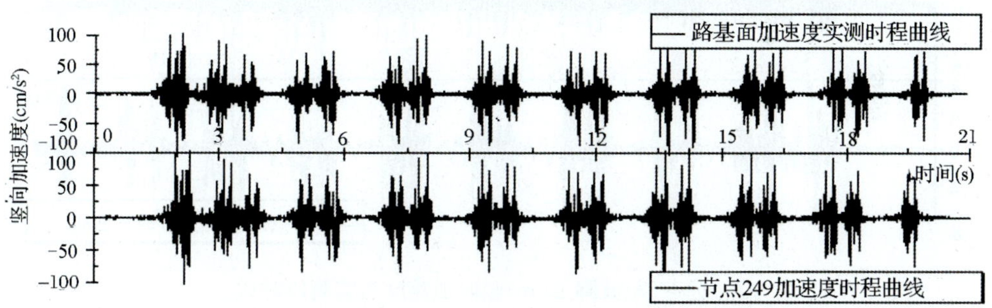

图 5-5 基床顶面竖向加速度计算值与实测值对比

表 5-2 竖向加速度衰减规律计算值和实测值对比

类别	测点位置	竖向加速度幅值峰值		
		变动范围(cm/s²)	平均值(cm/s²)	相对基床顶面衰减百分比(%)
实测值	基床顶面	61.46～101.65	77.14	—
	坡脚	18.95～40.19	23.32	69.8
	外远点	3.73～6.47	4.35	94.4

续上表

类别	测点位置	竖向加速度幅值峰值		
		变动范围(cm/s²)	平均值(cm/s²)	相对基床顶面衰减百分比(%)
计算值	基床顶面	60.85～101.87	76.07	—
	坡脚	18.40～33.75	23.80	68.7
	外远点	4.78～7.90	5.73	92.5

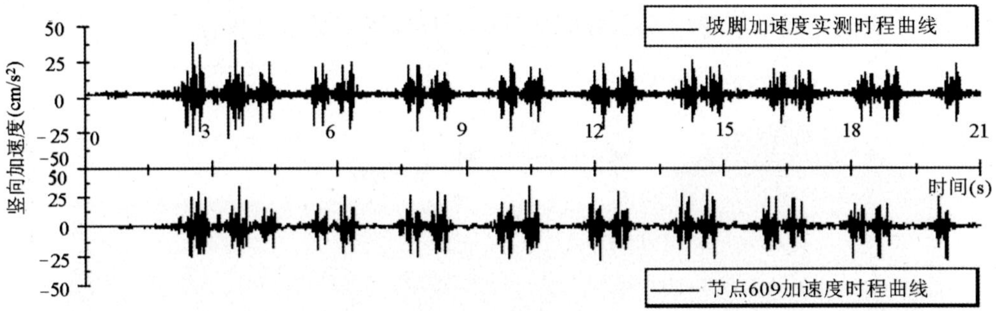

图 5-6　路堤坡脚竖向加速度计算值与实测值对比

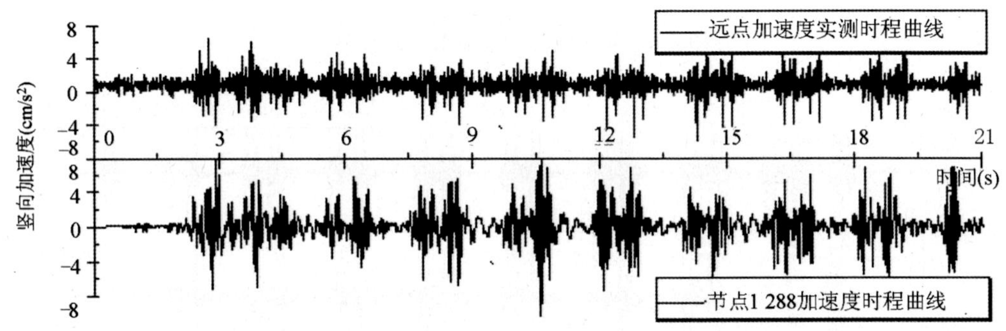

图 5-7　远点(距坡脚 10 m)竖向加速度与实测值对比

由此可见,动力模型局部节点的响应值与实测值基本吻合,利用该模型模拟列车荷载对整个路基-场地的动力作用是可行的,推算计算区域内各点的振动加速度,确定整个加速度的瞬时空间分布和竖向衰减规律。

1. 瞬时空间分布特征

以列车第一组轮作用过程为例,如图 5-8 绘制其中四个时间节点处竖向加速度的瞬时分布的等值线图,包括 $t=1.64$ s,$t=1.86$ s,$t=2.08$ s 和 $t=2.30$ s,其中 $t=2.08$,第一组轮对恰好通过测试断面。从图中可以看到,在列车逐渐接近测点的过程中,路基土质点的加速度逐渐增大。当列车轮对达到测点时,在路基土中的加速度达到最大，基床内质点振动明显。当 t = 2.30 s，轮对远离测点，应力波向地基土层中扩散，加速度集中区域开始扩大。

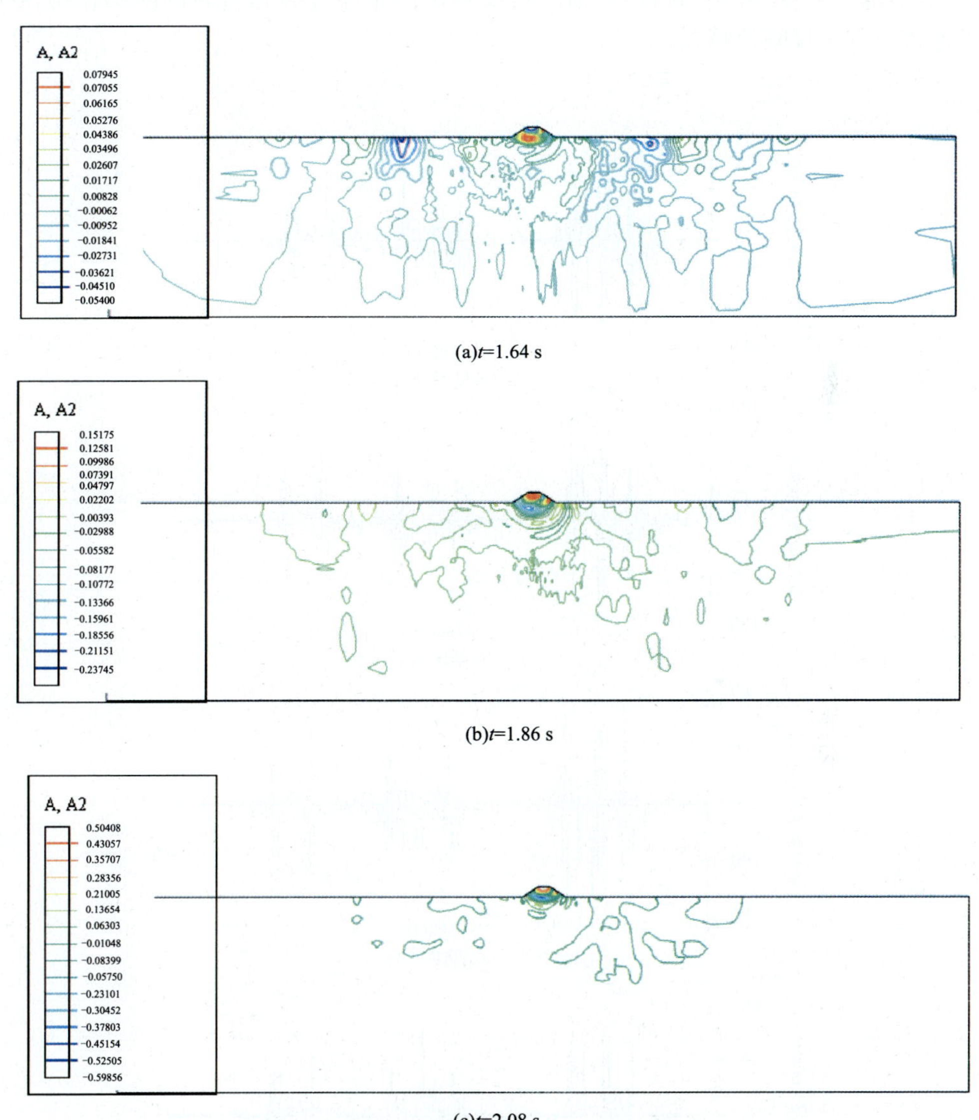

(a)t=1.64 s

(b)t=1.86 s

(c)t=2.08 s

图 5-8　竖向加速度(单位为 m/s^2)分布场(第一组轮对)

2. 加速度竖向衰减规律

图 5-9 为沿路基中线向下路基各部分结构和下卧土层中心质点的竖向加速度时

程曲线。由图中可以看出，尽管竖向加速度幅值随深度增加逐渐减小，但是其波形分布基本保持一致，从基床表层向下到②—1 粉质黏土层，除了幅值随深度增加逐渐减小，波形保持了良好的一致性，都清晰地反映出列车通过时轮轨力的激励作用，在轮对通过时刻出现幅值峰量。

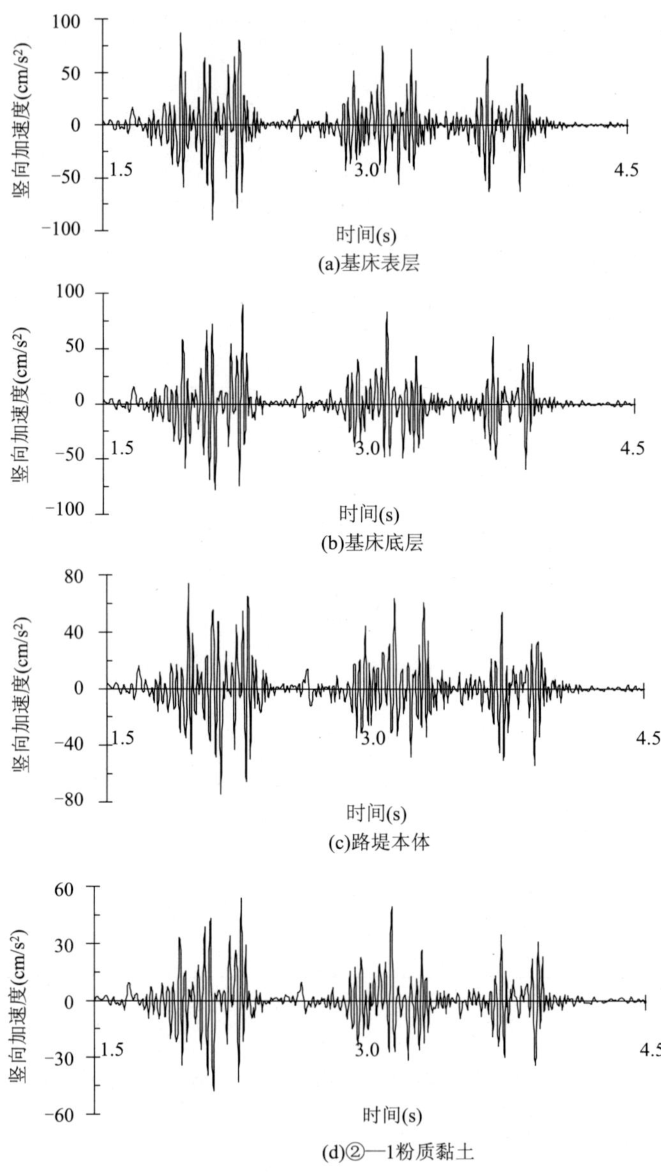

图　5-11

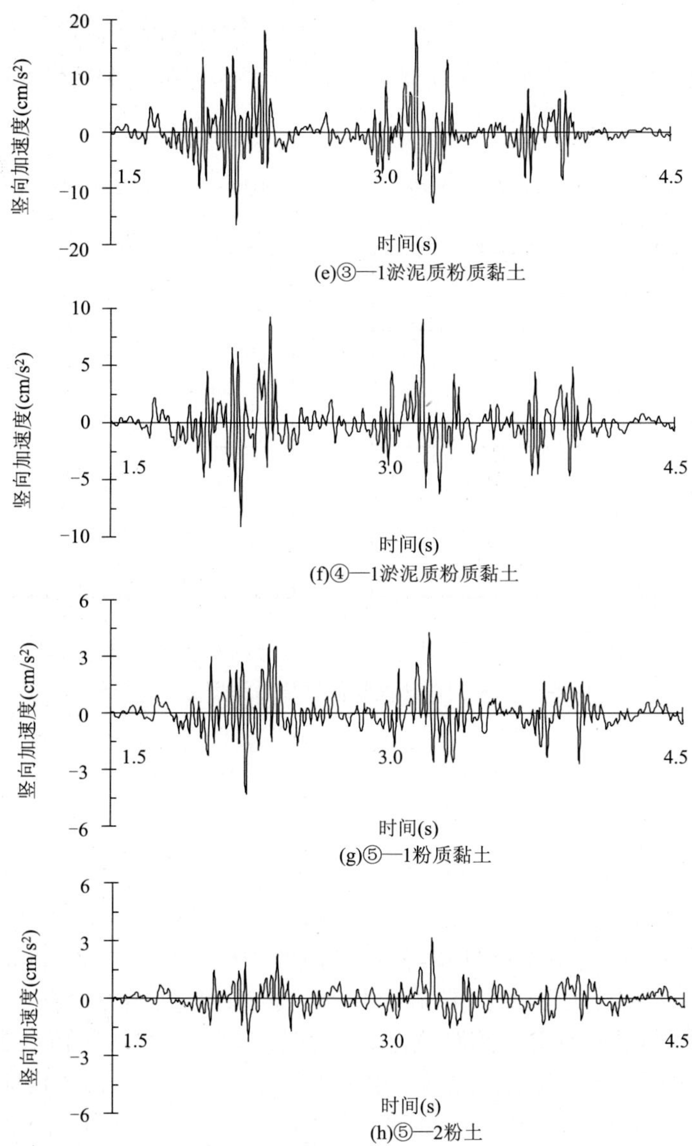

(e)③—1淤泥质粉质黏土

(f)④—1淤泥质粉质黏土

(g)⑤—1粉质黏土

(h)⑤—2粉土

图 5-9　路基和土层典型位置竖向加速度时程曲线

在列车通过的整个时程内，路基中心点由每个轮对作用引起的加速度平均值如图 5-10 所示，反映出相对基床顶面激振源加速度，不同深度竖向加速度衰减程度。

从图 5-10 可以看到，除了在路堤本体内质点加速度突然有小幅增大，加速度幅值峰值随深度增加持续衰减。在路堤高度范围内，加速度衰减近 50%，在②—1 层内,加速度衰减近70%,在③—1淤泥质粉质黏土层中,加速度衰减近90%。现有路基条件下,应力波传递到下卧地基中振动能量小,路堤中集中了相对基床顶面振源近70%的振动能量,与实测结果一致。

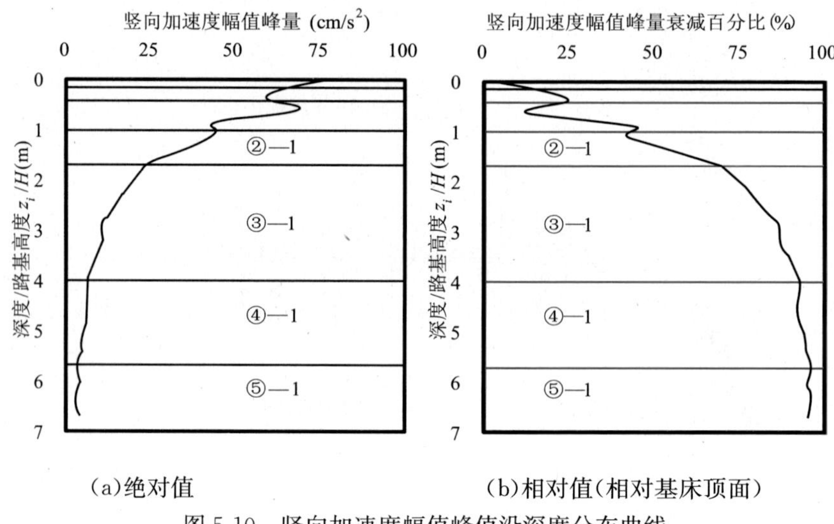

(a)绝对值　　(b)相对值(相对基床顶面)

图5-10　竖向加速度幅值峰值沿深度分布曲线

5.3.2　振动应力

1. 竖向分布特征

同样取沿路基中线竖直方向不同深度处的竖向应力峰值,可绘制如图5-11所示的竖向动应力峰值随深度变化曲线,图5-11(b)计算点动应力与对应深度自重应力比值的变化曲线。由图中曲线可知,基床顶面的动应力峰值约为36 kPa,基床顶面以下随深度增加,动应力迅速衰减;在路堤高度范围内,动应力衰减至20 kPa,衰减了约43%。由此表明,既有铁路路基基床密实状态不良,对列车荷载引起的动应力不能起到较好的衰减作用,使得地基土中集中较多的附加动应力。提速试验证明,提速运营会增加基床顶面的动应力。因此,从振动应力沿深度分布的角度看,既有线路路堤需要采取有效的改造措施,降低振动应力传递到地基中的比例,减小因振动应力引起的路基附加沉降,保证既有线的安全运营。

2. 振动应力影响深度

为了量化附加动应力对路基和下卧土层的影响深度,从动应力长期作用可能引起的地基压缩层的沉降角度出发,按照铁路路基设计规范要求提出一个能够反映动应力作用程度的影响深度指标,即以附加动应力达到0.1倍的自重应力对应的深度作为动应力影响深度。从图5-11(b)中动应力与自重应力的比值随深度变化曲线,计算得到的影响深度 1.75 倍的路基高度,即基底以下 2.6 m,恰好位于②—1 粉质黏土层底。随着将来既有线车辆速度的增加,动应力影响深度必然会向②—1 层下卧层发展,引发深层土的沉降,对既有铁路的稳定造成不良影响。因此,为了满足提速要求,应该合理地对既有铁路基床或地基进行处理,尤其需要对目前动应力影响范围以内的区域重点加固,减少因列车动荷载长期作用产生的地基沉降。

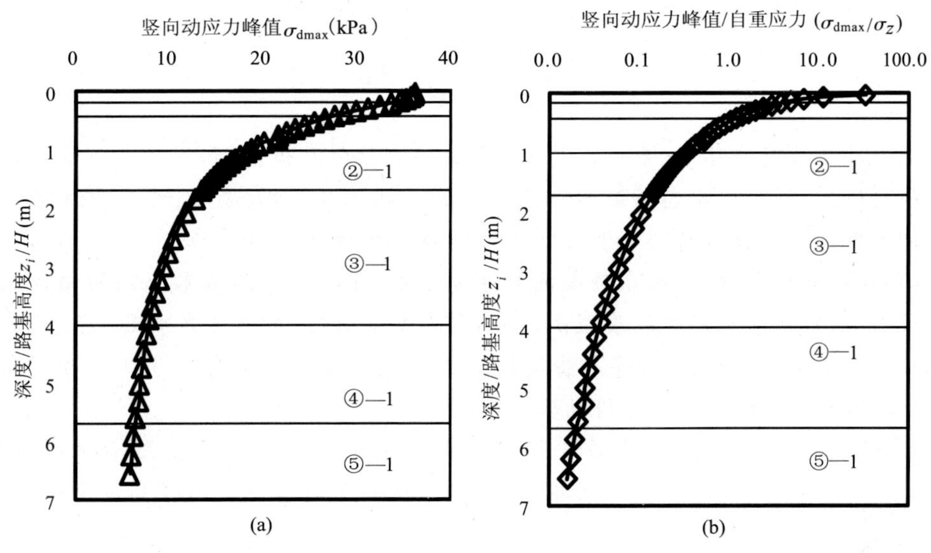

图 5-11　竖向动应力随深度变化曲线

5.3.3　振动位移

图 5-12 为路基基床受到加速度激励后计算得到的动位移时程曲线。从图中可以看到,路基产生随时间振荡变化的动态位移。基床顶面的动位移最大,最大值不超过 2.5 mm,小于基床表层的弹性位移限值(3.5 mm)。因此,目前既有线满足现有低速运营下的路基位移的安全要求。自基床顶面以下,基床底面、基底中心和软土层顶的位移曲线可以看出,随着深度增加,火车运营引起的动位移逐渐减小,在表层区域内减小的幅度不大。

从现行速度下的路基振动状态的数值计算和现场实测结果来看,数值模型的计算结果与实测值吻合的较好。采用加速度激励模式分析得到的振动场和动应力场符合实际情况,动位移场的峰值满足计算要求。

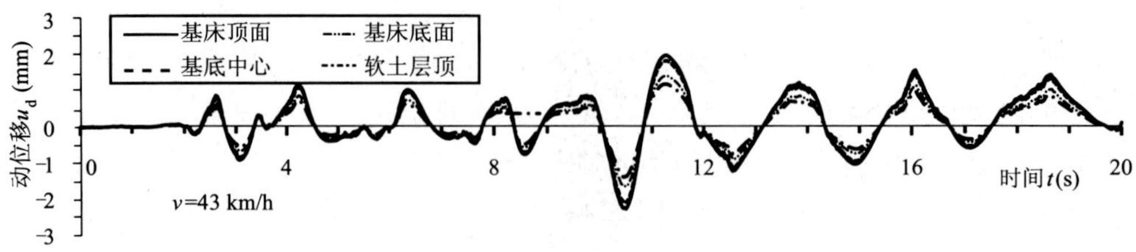

图 5-12　动位移时程曲线

5.4　小　结

通过建立既有线路基-场地典型结构断面的数值仿真模型，利用动态有限元方法和无限元透射边界，以动态荷载时程激励分析了路基-场地加速度、动应力和动位移在时间和空间上的分布特征和变化特性。得到以下结论。

(1)现有速度条件下，基床顶面的加速度介于 76 cm/s^2，随着基床顶面向下深度的增大，既有线路基振动加速度减小，在路堤高度范围内，加速度衰减 50%。基底以下深度为 6 m 处，即③—1 淤泥质粉质黏土层顶，竖向加速度衰减了 90%。现有路基条件下，约有 50%的能量传递到地基中。

(2)现有速度条件下，列车通过引起基床顶面动应力为 35 kPa，随着深度增加，动应力迅速衰减，同样呈现浅层衰减快，深层缓慢的衰减特点。路堤高度范围内，动应力峰值大约衰减掉 43%。

(3)现有速度条件下，列车荷载产生动应力的影响深度为 1.75 倍的路基高度，即路基下 2.6 m，产生的瞬时沉降小于 2.5 mm。

6　既有铁路路基提速分析

6.1　动 力 指 标

为评价提速对路基动力性能的影响，需先了解路基动力影响类型以及表征其作用程度的动力指标，目前主要采用路基振动加速度、动应力和动变形等三个指标。

6.1.1　振动加速度

路基受到列车荷载动态激励产生的振动属于强迫振动，是列车动力影响在轨道-路基系统响应中的直接反映。随着列车速度提高，激励频率一旦接近路基的自振频率，会因共振而引发土体质点振动放大，加剧轨道振动，同时加速路基在重复荷载作用下的累积变形，引起轨道下沉。

为了表征速度提升对路基振动的影响，采用加速度作为反映路基振动强度的指标，对提速路基振动评价侧重以下两个方面：

(1)提速对基床顶面加速度峰量的影响；

(2)提速对路基-场地加速度响应分布特性的影响。

6.1.2　动应力

路基动应力是列车荷载对既有路基状态动力影响的一个重要方面。随着列车速度的提升，列车对路基产生的动应力增加，特别是已有病害的薄弱路段，动应力加大致使病害加重，病害加重又引发轨道状态恶化。事实证明，路基表面应力是引起基床翻浆冒泥、过量下沉、剪切破坏等病害的重要因素之一。关于路基表面动应力的幅值大小，铁路工务技术手册(轨道)中规定，普速铁路基床顶面的容许应力(应为动应力)为 130 kPa(新建铁路)和 150 kPa(既有铁路)；日本学者佐藤吉彦建议路基设计动应力计算值为 110 kPa(中速无缝线路)、100 kPa(高速无缝线路)。

关于列车速度对路基动应力分布的影响，蔡英和黄时寿(1993)根据大秦线的实测结果分析认为，对于低速铁路(车速 $v\leqslant 80$ km/h)，车速不起主导作用，基面 0.6～0.7 m 以下动应力可衰减 60%，基面以下 1.4～1.5 m 动应力变化稳定，基面以下 3.0 m动应力只有基床顶面的 10%左右，可用指数关系来模拟路基动应力沿深度分布;周神根(1995)根据广深线测试结果分析认为,当车速 $v<160$ km/h 时,基面动应力与列车速度的关系为 $\sigma_v=52(1+0.0035v)$,基本呈线性关系。

金山既有铁路路基提速过程中的动应力研究包括以下三方面:

(1)车速对基床顶面动应力最大值的影响;

(2)车速引起的基床顶面动应力沿深度分布特性;

(3)车速引起动应力的影响深度,动应力影响深度是指动应力产生变形的深度。

6.1.3 动变形

列车动荷载引起路基的变形可分为瞬时弹性变形和永久变形两种类型。对于瞬时弹性变形,一般关心的是基床的表面垂向位移,已有经验表明,当基床表层采用强化层结构时,为保证沥青层混凝土结构层不因弹性变形过大而产生开裂破损,对基床表层的垂向位移的限值为 2.5 mm。《京沪高速铁路设计暂行规定》规定,当基床表层采用级配砂砾石(或碎石)结构时,属散体材料的柔性结构,为防止因基床变形过大而导致道床松散流动,对基床表层垂向位移限值为 4 mm;翟婉明(2007)利用线路-车辆竖向耦合轮轨动力学模型评价车辆与轨道相互作用,基床表层位移限值取为3.5 mm。

永久变形是指路基土体在列车重复荷载作用下产生的累积塑性变形。永久变形影响因素主要有:动偏应力、土的强度和荷载循环作用次数。曹新文和蔡英(1995)采用室内模型试验研究了路基永久变形随列车荷载重复作用次数、轴重和车速的变化规律。结果表明,路基累积永久变形取决于列车荷载产生的动应力。运行速度增加提高了列车荷载的频率,增大了路基的动应力,增加了永久变形;钟辉虹等(2002)通过现场测试和室内试验研究了黏土路基在往复列车荷载作用下的力学行为,随着孔隙水压力增加,土的强度显著降低,累积塑性变形将迅速增长并产生塑性流动。

6.2 荷载模拟

考虑到线路提速尚未开始,现场振动试验只能在当前运营速度条件下进行,无法获得提速后动荷载作用下路基振动加速度。因此,模拟提速列车荷载时就不能采用上述利用实测加速度作为激励源的方法,需要提出新的荷载模拟方法,引入速度变量,模拟基床顶面的激励作用。从列车轮轨振动力产生机理出发,从荷载传递的角度提出一种能够考虑列车速度对路基振动产生影响简单方法。

6.2.1 轮轨振动力产生机理

轮轨振动力是基床振动的根本来源,大小和变动特征与列车速度紧密相关,代表列车荷载对列车-轨道-路基系统的激励。这种激励主要来源于车辆和轨道两方面因素的作用。车辆方面的因素包括车轮擦伤、车轮踏面几何不圆和车轮偏心等;轨道方面的因素较为复杂,既有轨道几何状态方面的因素,如钢轨低接头、错牙接头、轨道几何不平顺、轨面波浪形磨耗等,又有轨下基础缺陷方面的因素,如轨枕空吊、道床板结、路基刚度突变等。根据各种因素的作用性质,可分为脉冲型、谐波型、动力型和随机型四种激励类型。当列车速度变化范围不大时,脉冲型激励和谐波型激励在整个轮轨动态作用过程中起主导作用,如果不考虑轨道几何不平顺因素,这两种激励主要分别来源于车轮扁疤和车轮偏心。

1. 车轮扁疤

车轮扁疤是指在列车运行过程中,车轮踏面常因各种原因(如制动或空转打滑)而出现局部擦伤和剥离。车轮扁疤引起在车轮滚动过程中,车轮瞬时转动中心突然改变,使得车轮对钢轨产生一个垂直向下的冲击速度,而当轮轨接触部位离开扁疤部分后,这一冲击速度即刻消失,其作用效果是轮轨系统形成突发冲击和振动。如图 6-1所示,在低速运行时,车轮滚至扁疤始点 A 时,将以 A 点为转轴旋转,使得整个扁疤撞击轨面,之后又绕 B 点旋转,进一步给轨道施加动力作用。

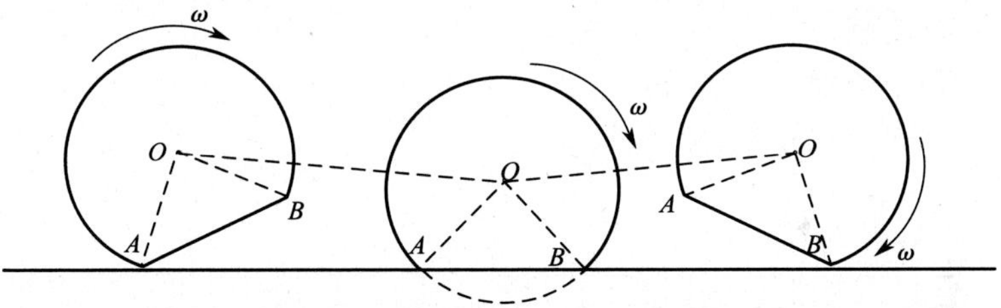

图 6-1　低速情况下扁疤车轮运动示意图

在高速情形下,车轮滚至 A 点,将脱离钢轨表面,在空中一边旋转,一边向前作惯性运动,同时向下跌落,最终在 B 点接触轨面,产生对轨道的冲击,如图 6-2 所示。

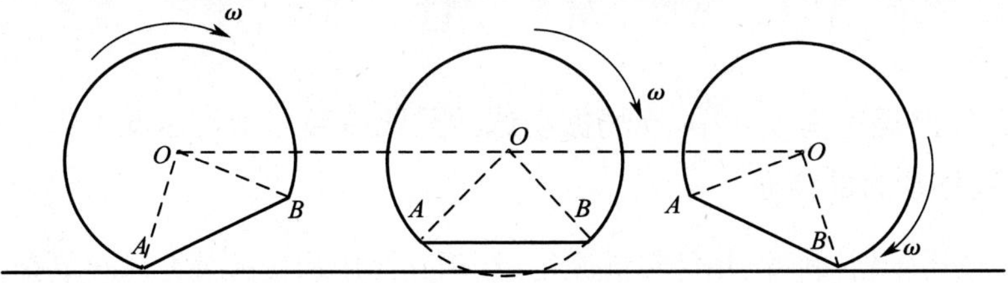

图 6-2　高速情况下扁疤车轮运动示意图

2. 车轮偏心

若车轮质心与几何中心不重合时,如图 6-3 所示,存在微小的偏心距 r_0,则在列车车轮运动过程中产生一个大小恒定、指向朝外的偏心惯性力 F_0。

$$F_0 = M_w \omega^2 r_0 = M_w \left(\frac{v}{R}\right)^2 r_0 \tag{6-1}$$

式中　ω——车轮转动角速度，则惯性力的垂直分量为：

$$F_0(t) = M_w \omega^2 r_0 \sin(\omega t) = M_w \left(\frac{v}{R}\right)^2 r_0 \sin\left(\frac{v}{R}t\right) \tag{6-2}$$

式(6-2)即为车轮偏心所产生的周期性激励力函数。

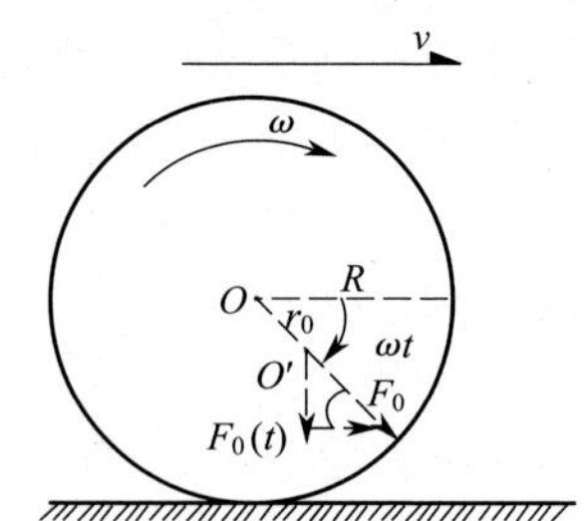

图 6-3　车轮偏心运动示意图

6.2.2　轮轨振动力的模拟

图 6-4 将列车荷载等效为按实际编组“1 动＋8 拖”列车车轮位置排列，以列车速度 v 移动的轮载力 P_{dj}($j=1,2,3,\cdots,n$；n 为编组列车轮对个数)。相对轨道上的某个固定作用点，在车轮驶近和驶离过程中，假设轮载力随时间呈三角脉冲型变化。波峰对应车轮通过的时刻，每个动轮载的最大值与车速的关系为：

$$P_d = P_s(1 + \beta v/100) \tag{6-3}$$

式中　P_s——静轮载；

v——列车速度；

β——动力速度系数，取 0.4。

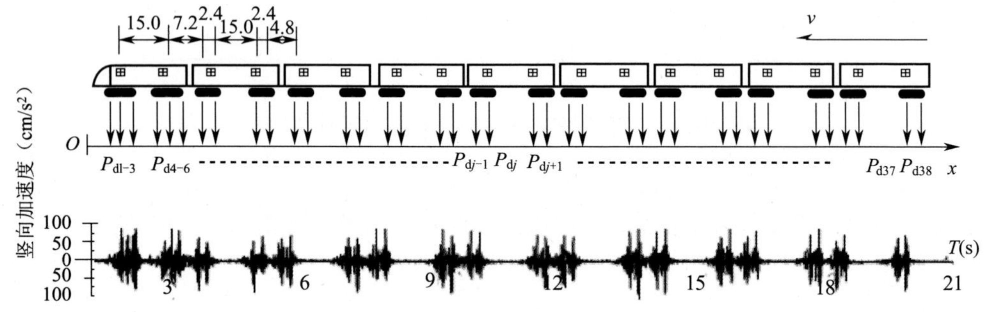

图 6-4　轮轨作用力模拟示意图

6.2.3　轮轨振动力的传递

轨道系统由钢轨、轨枕、扣件和道床组成，相互作用和接触关系比较复杂，不易准确模拟。因此，忽略轨道系统内部作用，仅考虑轮轨振动力沿竖直方向传递。根据轨枕荷载分担模式，即单个轮轨的振动力只有四跨轨枕(五根轨枕)的作用范围，每个轨枕分担的振动力分别为 10%、20%、40%、20%和 10%。假设道床受力均匀且道床内部应力以一定扩散角向下扩散，得到轮轨振动力经过轨枕分担和道床扩散传递到路基表面的荷载大小。图 6-5 为单个轮轨振动力沿竖直方向的传递示意图,道床荷载自轨枕底面沿应力扩散角 α 向下扩散至基床表面,大小为 $P_{fi}(i=1\sim5)$,作用面积为 $l_a \times l_b$。

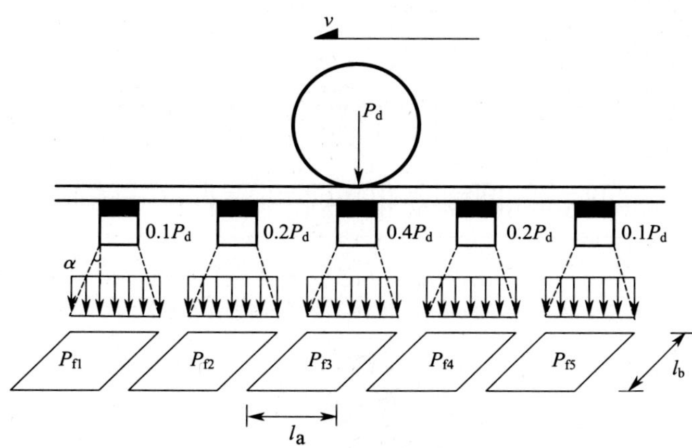

图 6-5　单个轮载传递示意图

$$l_a = l_{a0} + 2h\tan\alpha \tag{6-4}$$

$$l_b = l_{b0} + 2h\tan\alpha \tag{6-5}$$

式中　l_{a0}——轨枕底面短边长度;

l_{b0}——长边长度,按既有铁路混凝土轨枕(Ⅰ型)取值,分别为 0.267 m 和 1.9 m;

h——道床厚度,取实测值 0.5 m;

α——既有铁路道床应力扩散角,$\alpha=35°$。

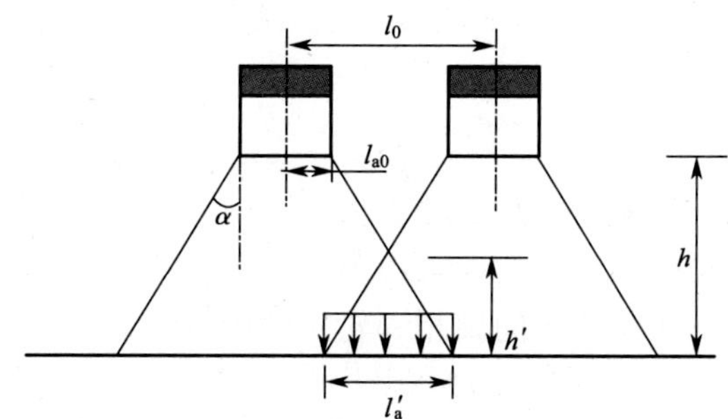

图 6-6　叠加长度计算

相邻轨枕荷载传递后存在叠加部分(图 6-6),叠加长度可由下式计算:

$$l'_a = 2h'\tan\alpha \tag{6-6}$$

$$h' = h - \frac{l_0 - l_{a0}}{2\tan\alpha} \tag{6-7}$$

式中　l_0——轨枕间距,取 0.545 m。

相邻有多个动轮载作用如图 6-7 所示,按叠加作用计算基床顶面上的荷载大小。

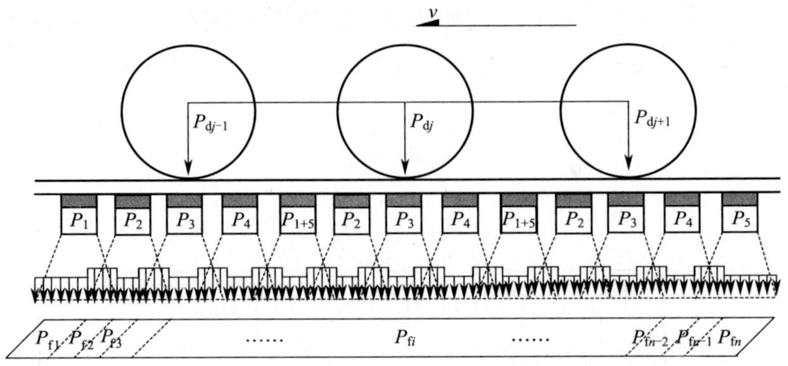

图 6-7　多轮载(机车转向架)传递示意图

6.2.4　动荷载的构造

如图 6-8 所示,将同一转向架内相邻动轮载引起的基床顶面动荷载随时间近似为脉冲型“M”形分布,每个“M”形荷载作用时间为 $3\Delta t_1$,波峰取扩散到基床顶面的动荷载 P_{fi}的最大值 P_{fmax},中间时刻的动荷载大小为 $P_{fmax/2}$。其中 t_1、t_2 分别为前一节车厢后转向架内相邻两组轮对通过路基某断面的时刻,t_3、t_4 则分别是后一节车厢前转向架内两组轮对的通过时刻,t_5 为该节车厢后转向架第一组轮对通过时刻,由图中可知,整个基床顶面动荷载存在三个基本作用频率 f_1、f_2 和 f_3,分别为:

$$f_1 = \frac{1}{\Delta t_1} = \frac{v}{L_1} \tag{6-8}$$

$$f_2 = \frac{1}{\Delta t_2} = \frac{v}{L_2} \tag{6-9}$$

$$f_3 = \frac{1}{\Delta t_2} = \frac{v}{L_3} \tag{6-10}$$

式中　L_1——转向架内相邻轮对的中轴距离;

L_2——前后车厢相邻轮对的中轴距离;

L_3——同一节车厢前后转向架相邻轮对的中轴距离。

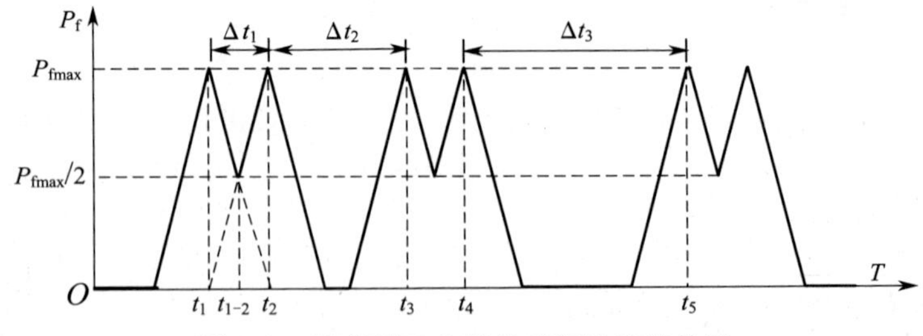

图 6-8　基床顶面动荷载时程波形的构造

根据一般列车的标准尺寸，L_1、L_2 和 L_3 分别取为 2.4 m、4.8 m 和 15 m。

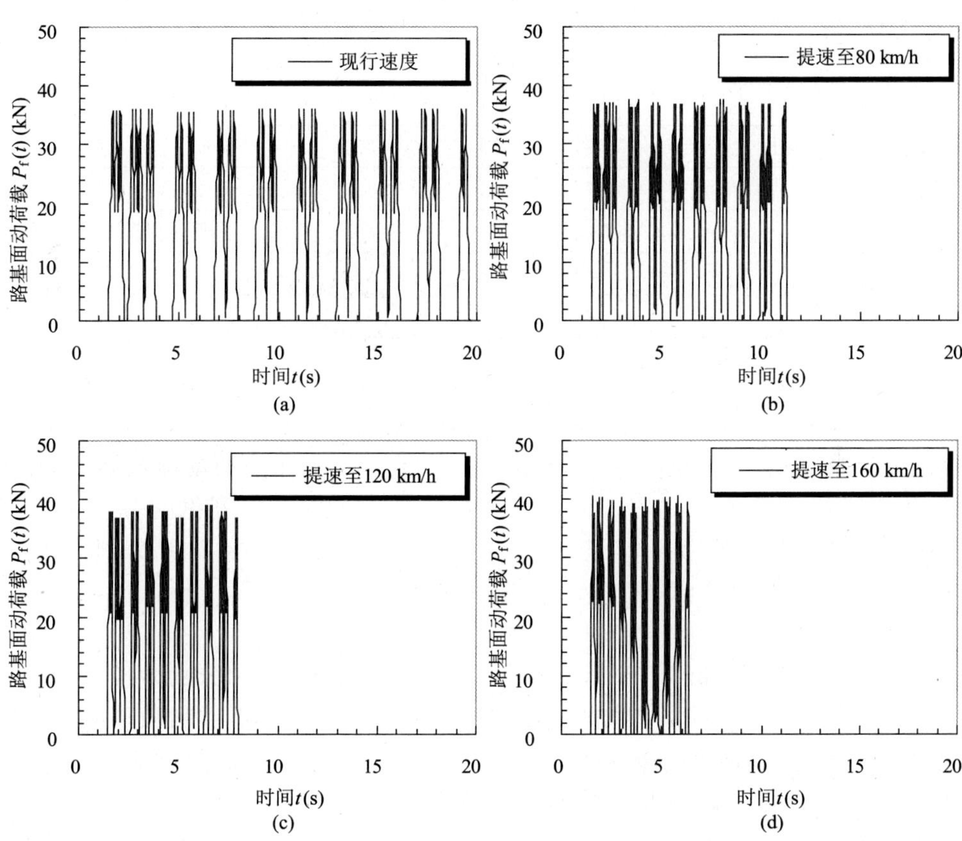

图 6-9　基床顶面动荷载时程曲线

图 6-9 为 80 km/h、120 km/h、160 km/h 和 200 km/h 的基床顶面荷载时程曲线。考虑车速、列车轴重和道床厚度，构造实际编组列车以不同速度通过测试路段时，基床顶面承受的动荷载时程函数，取列车轴重为 23 t，即单边静轮载为 115 kN；根据调查结果，取道床厚度为 0.5 m，列车速度分别选取 43 km/h（现行速度）、80 km/h、120 km/h 和 160 km/h。既有线路基土的强度参数如表 6-1 所示。

表 6-1　土的计算参数

材料名称	黏聚力 c_{cu}(kPa)	内摩擦角 φ_{cu}(°)	侧限系数 K_0
基床表层	30.00	30.0	0.50
基床地层	25.00	24.0	0.59
路堤本体	24.00	20.0	0.66

续上表

材料名称	黏聚力 c_{cu}(kPa)	内摩擦角 φ_{cu}(°)	侧限系数 K_0
② —1 粉质黏土	23.47	12.8	0.78
③ —1 淤泥质粉质黏土	12.96	11.9	0.79
④—1 淤泥质粉质黏土	13.69	10.1	0.82
⑤—1 粉质黏土	15.27	11.7	0.80
⑤—2 粉土	5.28	29.1	0.51
⑤—3 粉质黏土	18.38	13.0	0.78
⑤—4 粉质黏土	44.34	12.0	0.79

为模拟列车荷载对路基作用,引入速度因素,用随速度变化的移动荷载模拟提速的列车荷载。采用移动荷载的时程曲线作为输入荷载,计算路基的振动响应,在基床顶面施加按照规定速度移动的轮载力模拟动荷载,并按平面应变条件对动荷载进行简化。

6.3 提速影响分析

6.3.1 模型验证

在基床顶面施加振动荷载时程激励,计算的基床顶面、路堤坡脚和场地远点(距坡脚 10 m)的竖向加速度时程曲线如图 6-10～图 6-12 所示。从图中计算值与实测值比较的结果可以看出:加速度波形成分有所不同,加速度值和距振源不同距离各特征点加速度衰减水平的有限元计算值与实测值基本吻合。计算的加速度时程变化特点与实测记录一样,在列车轮对恰好经过测点时幅值出现最大值,远离测点幅值减小。因此,利用基床顶面振动荷载时程作为系统激励,轮载成分对路基的激振作用能充分反映。

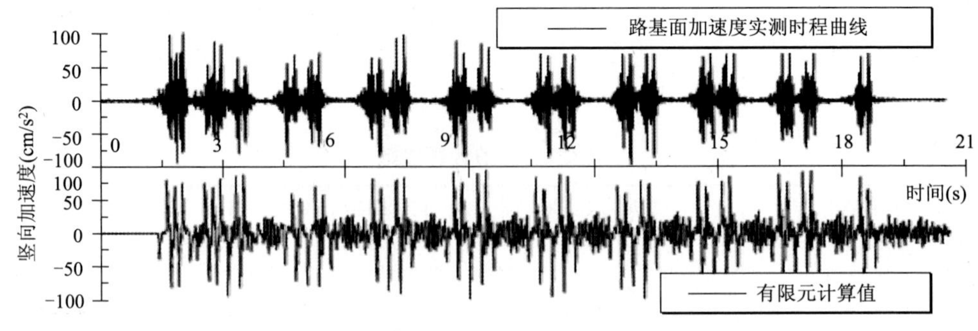

图 6-10 基床顶面竖向加速度计算值与实测值对比

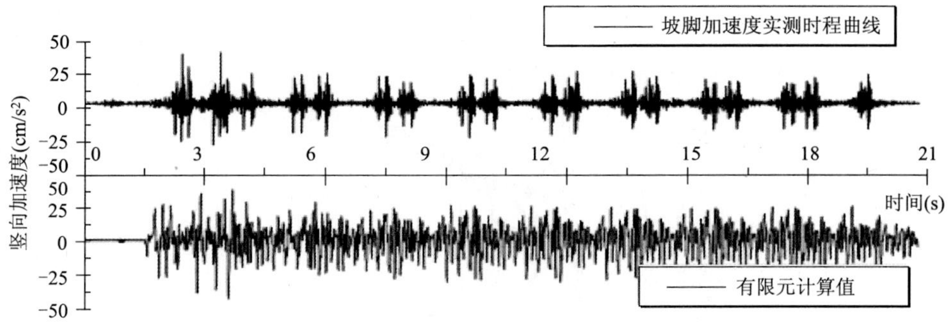

图 6-11 路堤坡脚竖向加速度计算值与实测值对比

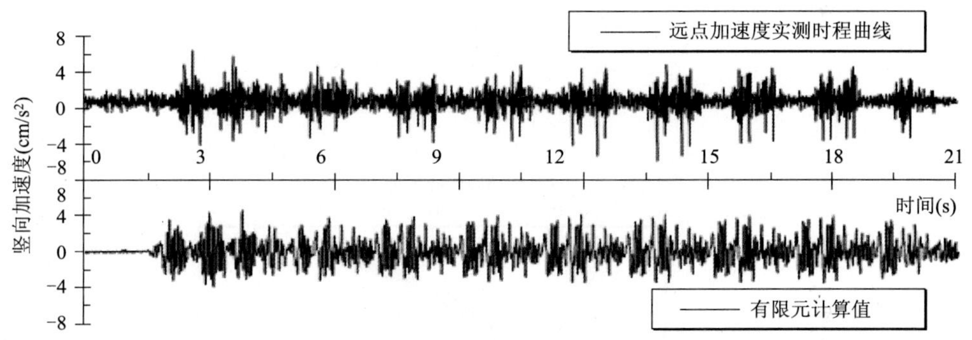

图 6-12 场地远点竖向加速度计算值与实测值对比

图 6-13、图 6-14 比较了现场测试加速度激励和提速荷载时程激励计算的最大动应力沿深度的分布曲线和竖向加速度分布曲线。从图 6-13 中可知，根据两种激励模式计算得到的加速度值在路基结构和浅层土中基本一致，在场地较深层土中所差别；图 6-14反映出根据两种激励模式计算得到的基床顶面的动应力沿深度分布规律十分近似。

6.3.2 振动加速度

引入速度变量，将移动荷载施加到三维路基-场地模型，得到速度分别为 43 km/h、80 km/h、120 km/h 和 160 km/h 下的基床顶面振动加速度的时程曲线，如图 6-15所示。图 6-15 包含了行车速度为 43 km/h 时的有现场实测加速度。在移动荷载激励下，基床顶面的加速度的计算值比实测结果大。

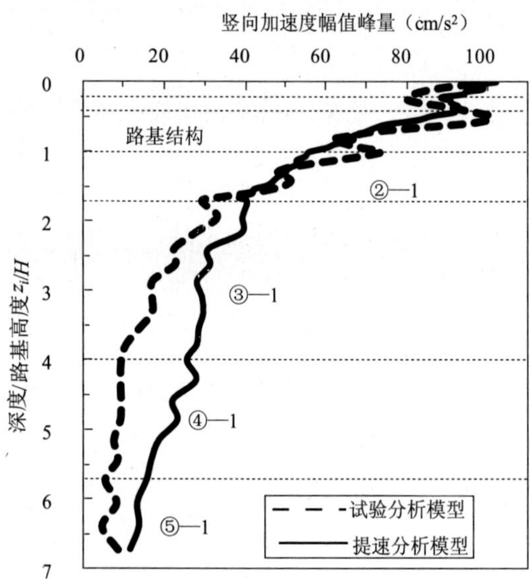

图 6-13　两种激励计算的竖向加速度沿深度的分布曲线

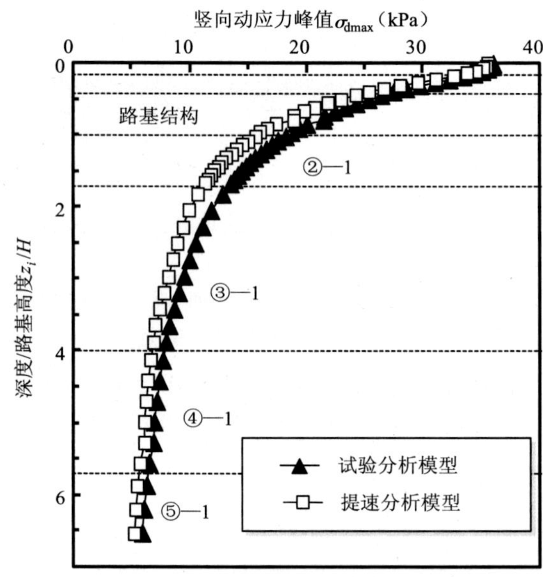

图 6-14　两种激励计算的最大动应力沿深度的分布曲线

列车速度为 60 km/h、80 km/h、120 km/h 和 160 km/h 时，基床顶面中心点下的竖向加速度随深度变化曲线如图 6-16 所示。图中纵坐标用基床顶面以下深度 z_i 与路堤高度 H 的比值，横坐标为不同深度处的竖向加速度统计值，包含速度为

43 km/h(实测速度)、60 km/h、80 km/h、120 km/h 和 160 km/h 五种情况下的振动加速度。从图中各曲线的形态上来看，提速前后的振动加速度在深度方向呈现快速衰减趋势，尤其在基床和路堤部分，集中着大部分的振动能量。随着列车速度提升，基床顶面振动荷载和作用次数增加，振动加速度整体增大。同时，当速度提升至超过 120 km/h 时，地基土层的振动加速度出现大幅度增加，尤其在软土层③—1、④—1 最为明显，主要是因为系统的激振频率随提速增加，软土层的振动加速度增加。

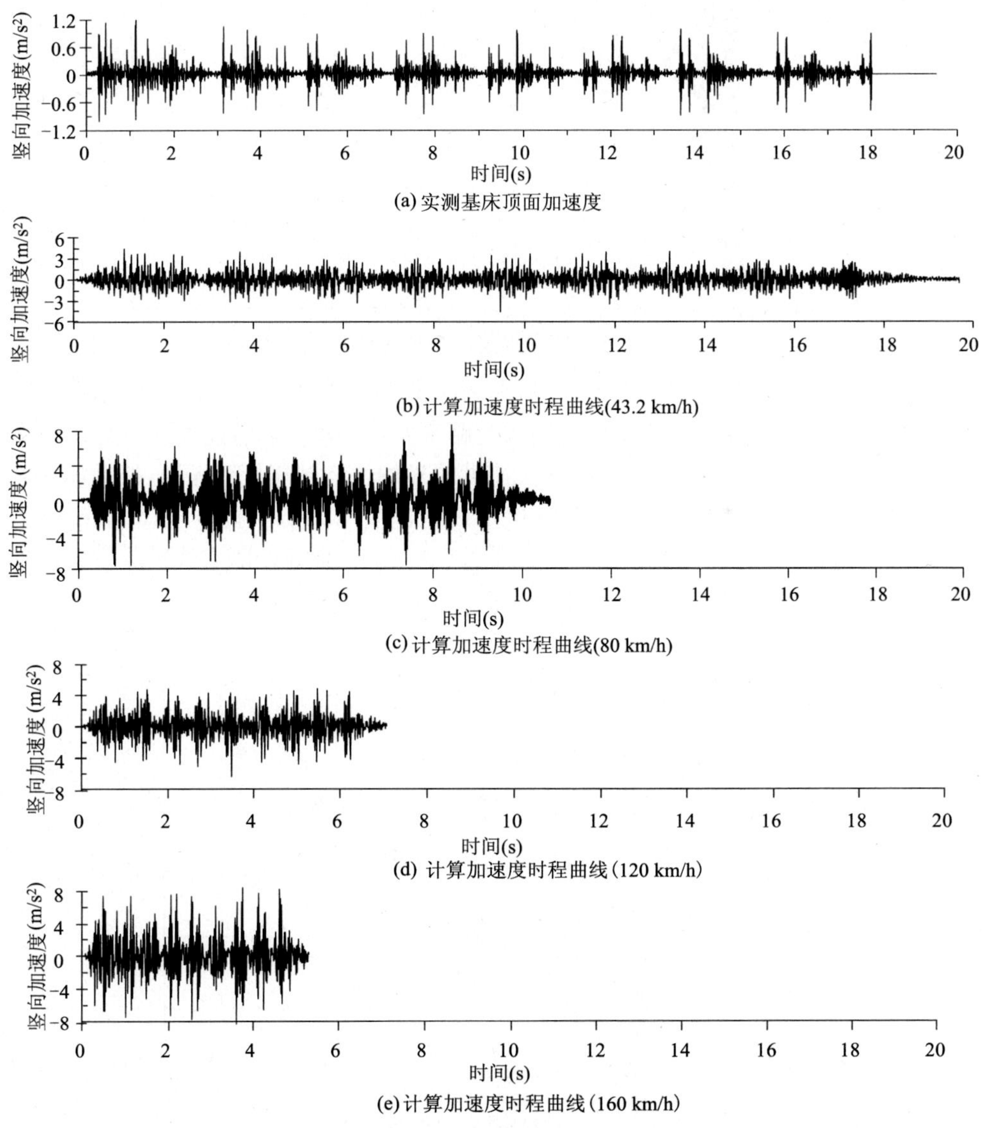

图 6-15 不同速度条件下基床顶面加速度时程曲线

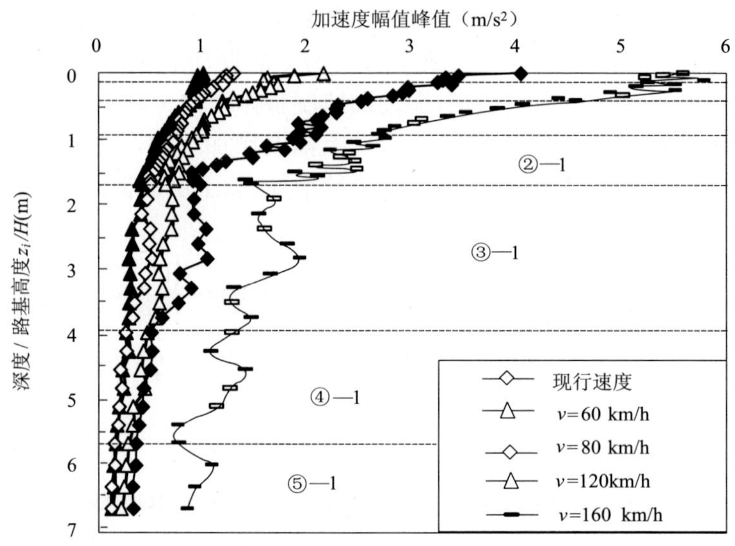

图 6-16　不同车速对应的加速度幅值峰值随深度变化曲线

如图 6-17 所示，在路基中心线下，基床表层中心、基床底层中心、路堤本体中心和基底地表四点加速度随提速速度变化曲线。路基各点振动量随着速度提升呈快速增长趋势。在列车速度超过 80 km/h 后，增长速度明显加快。越靠近激振源，振动加速度随速度提升而增加趋势越明显。当列车速度从现行速度 43 km/h 提升至160 km/h后，基床表层竖向加速度最大值从 0.8 m/s² 上升到 5.4 m/s²，提速使既有线基床表层振动量增加了 5.75 倍。提速至 160 km/h 的速度，振动加速度明显过大。

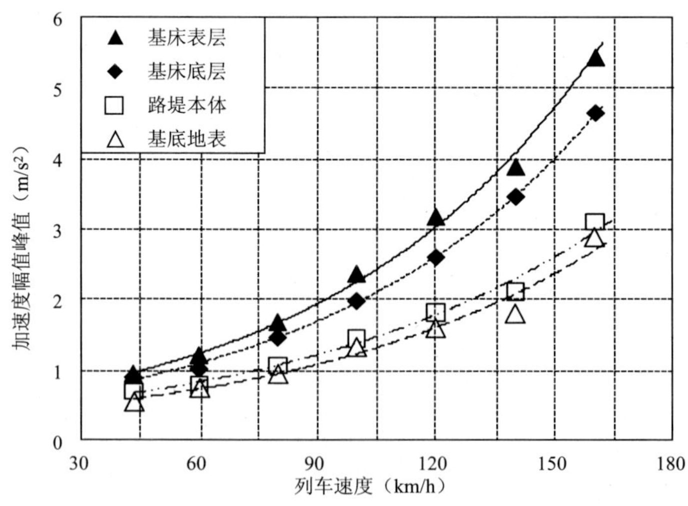

图 6-17　加速度幅值峰值随速度变化曲线

6.3.3 振动应力

基床顶面列车动荷载作用下的竖向动应力时程曲线的计算结果如图 6-18 所示，图中包含速度为 43 km/h、80 km/h、120 km/h 和 160 km/h 的计算结果。从动应力时程曲线的波形特点来看，计算结果反映出了编组列车(9 节)通过时轮轨力对轨道路基的激励效果，每个轮对接近时引起路基面动应力激增，远离时动应力又快速降低到零。随着速度提升，荷载作用时间缩短，动应力振荡变化趋于激烈，不同轮对经过时引起的动应力峰差异大，当速度为 80 km/h 时，轮轨力远离计算点时，应力振荡较为剧烈。

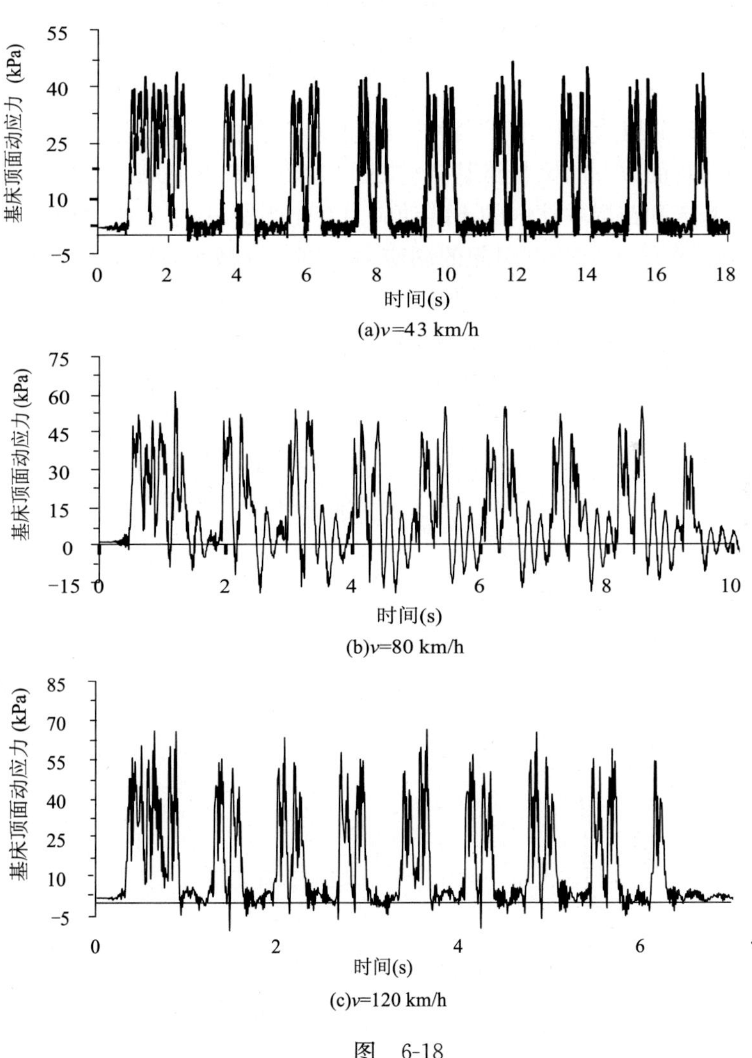

图 6-18

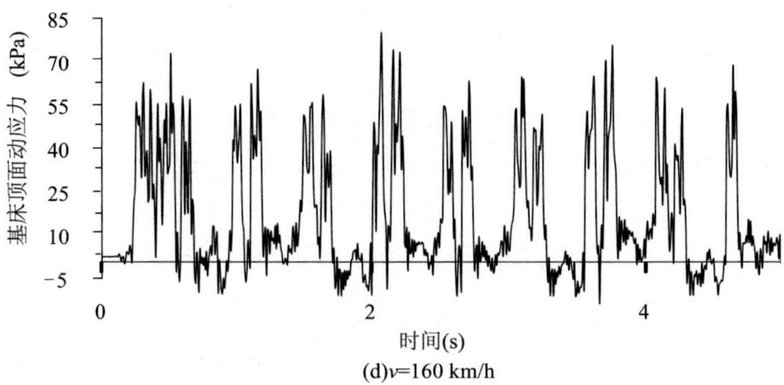

(d)v=160 km/h

图 6-18　不同速度条件下动应力时程曲线

图 6-19 为移动荷载激励作用下四种行车速度对应的竖向动应力峰值沿深度分布曲线，深度采用路基面以下深度与路基高度的比值来反映，路基高度为 3.5 m。随着列车速度的增加，基床和路堤本体内的土的动应力变化剧烈，基床表层的动应力增加幅度大，随着计算深度增加，不同速度引起的动应力差别逐渐减小，地基土中的动应力基本不受速度影响。不同提速速度下，沿路基中心线深度方向的竖向应力计算值如图 6-19 所示。竖向振动应力随深度增加而减小，随着列车速度增大，振动应力增大。从现行速度提升至 160 km/h 后，基床顶面动应力峰值从 46.6 kPa 上升到 79.8 kPa。

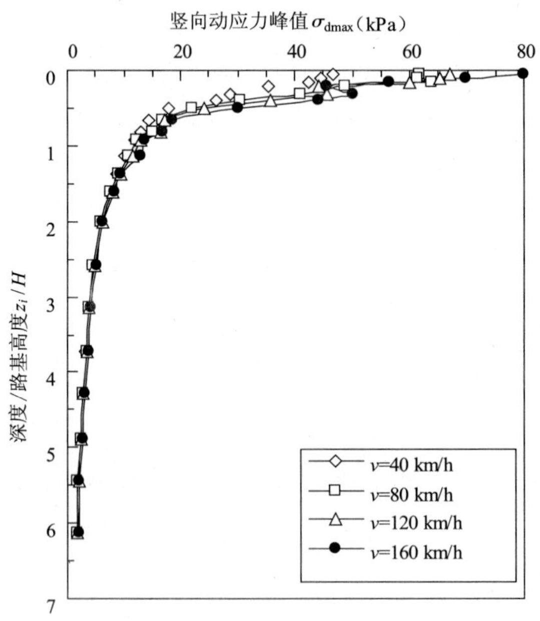

图 6-19　竖向振动应力随深度分布曲线

图 6-20 为路基不同位置处的竖向振动应力随速度的变化曲线。从图中可知，路基内部振动应力与列车速度基本呈线性关系，振动应力随速度增大而增大。路基内部沿深度不同位置处的振动应力随速度变化规律一致，随着距基床顶面深度增大，振动应力增加幅度降低。也就是说，路基深层动应力受提速影响程度降低，提速改造的关键在路基浅层。

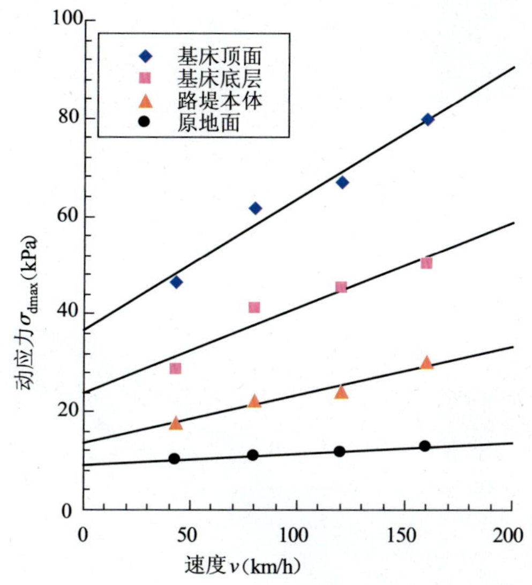

图 6-20　振动应力峰值随速度变化曲线

6.3.4　振动位移

移动荷载激励下的计算区域内路基动态变形状态如图 6-21 所示。动态轮轨力传递到路基面上时，局部产生瞬间的位移响应，基床表层的瞬间位移最大，沿深度方向逐渐减弱，到软土层时瞬间位移可以忽略不计。动态变形沿列车前进方向的影响范围在中心荷载前后 7 m，横向影响范围延伸到两侧的路堤坡脚。

速度为 43 km/h、80 km/h、120 km/h 和 160 km/h 四种速度条件下路基横断面中心点的动位移时程曲线，如图 6-22 所示。从动位移波形特点上可以看出，移动荷载产生的动位移呈现单向周期性的波动变化，轮对荷载下的竖向弹性位移达到峰值；从基床表层开始，沿深度方向的动位移的明显减小，到路基基底面时，动位移时程曲线已趋平缓，且没有表层位移明显的“W”形态；随着列车速度的提高，路基动位移变动频率增加，逐渐增加，从 43 km/h 提升至 160 km/h 后，位移增大幅度不大，从原来的 1.3 mm 提升至 2.0 mm 左右，基本处于安全限制 3.5 mm 之内。因此，提速对既有线路基动位移的影响不大。

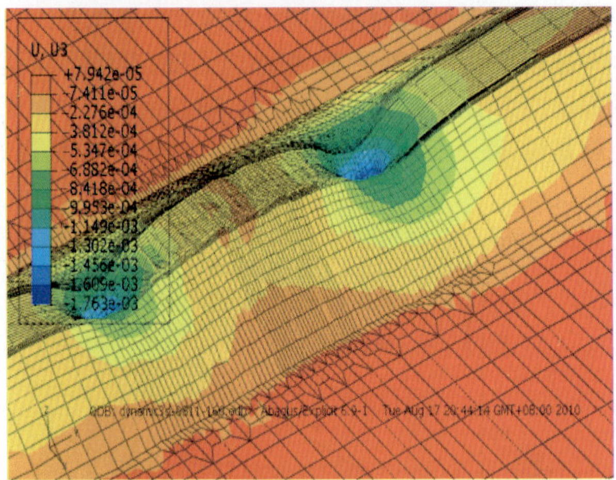

（a）同一节车厢

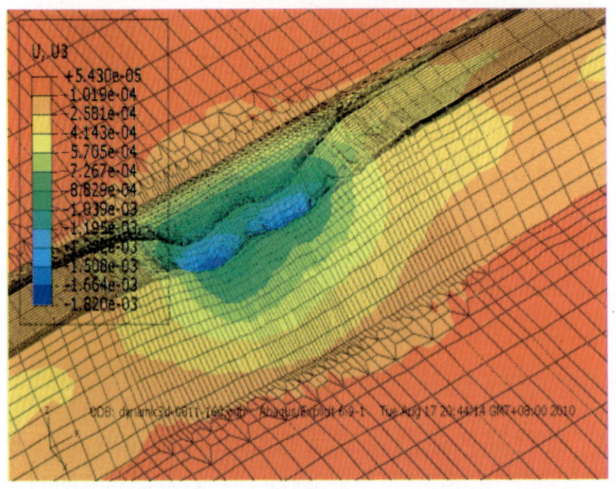

（b）相邻车厢

图 6-21　路基动态位移云图(160 km/h,放大 2 000 倍)

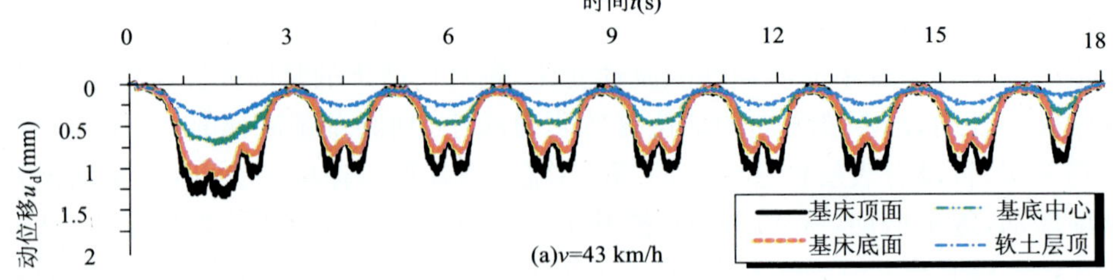

图　6-22

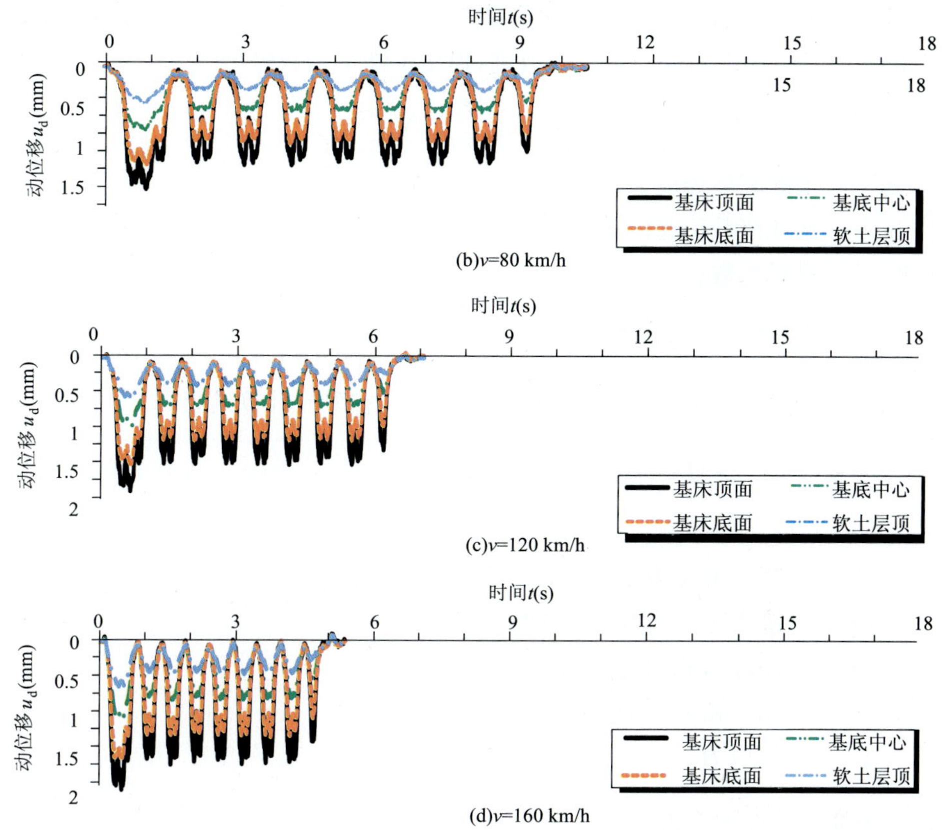

图 6-22 不同速度条件下动位移时程曲线

6.4 提速引起的附加沉降

循环交通荷载引起的软土路基动力附加沉降的计算方法通常以经验模型为主，具体计算方法为：通过循环荷载作用下的应变与循环次数的关系，预测累积塑性应变，通过分层总和法计算最终的附加沉降。

Monismith(1975)提出累积塑性应变的计算模型，即指数模型，土的塑性累积变形主要受应力状态和循环次数影响。

$$\varepsilon_p = AN^b \tag{6-11}$$

式中 ε_p——累积塑性应变；

N——循环荷载的次数；

A,b——与土的类型、性质和应力状态有关的参数。

不同土类由指数模型得到的结果离散性大，针对这一缺点，Li 和 Selig(1998)对 Monismith(1975)提出的公式进行了改进，提出了修正指数模型。

$$\varepsilon_{\mathrm{p}} = a\left(\frac{\sigma_{\mathrm{d}}}{\sigma_{\mathrm{s}}}\right)^{m} N^{b} \tag{6-12}$$

式中 σ_{s}——土的破坏偏应力；

σ_{d}——循环荷载引起的动偏应力；

a,m 和 b——材料参数。

6.4.1 列车荷载引起的动偏应力

对于路基土体产生的动偏应力，可以利用动态有限元计算结果。

$$\sigma_{\mathrm{d}}=\sigma_1-\sigma_3=\sqrt{3J_2}=\sqrt{\frac{1}{2}\left[(\sigma_x-\sigma_y)^2+(\sigma_x-\sigma_z)^2+(\sigma_y-\sigma_z)^2+6\tau_{xy}^2\right]} \tag{6-13}$$

式中 J_2——第二偏应力不变量；

σ_1,σ_3——最大主应力和最小主应力；

σ_{d}——循环荷载引起的动偏应力；

σ_x,σ_y 和 σ_z——x,y 和 z 三个方向的正应力分量；

τ_{xy}——剪应力。

6.4.2 土的静破坏偏应力

土体的静破坏偏应力可由下式进行计算：

$$\sigma_{\mathrm{s}} = 2 \cdot c_{\mathrm{u}} \tag{6-14}$$

式中 c_{u}——不排水抗剪强度，利用固结不排水的总应力强度指标 c_{cu} 和 φ_{cu} 计算。

$$\sigma_{\mathrm{s}} = \frac{2c_{\mathrm{cu}}\cos\varphi_{\mathrm{cu}}}{1-\sin\varphi_{\mathrm{cu}}} + \frac{(1+K_0)\sigma_z\sin\varphi_{\mathrm{cu}}}{1-\sin\varphi_{\mathrm{cu}}} \tag{6-15}$$

式中 K_0——静止土压力系数，$K_0=1-\sin\varphi$；

σ_z——土的自重应力，根据施加地应力后的有限元计算结果确定。

6.4.3 累积塑性变形

计算基床顶面以下沿深度方向各土层的塑性应变为：

$$\varepsilon_{\mathrm{p}zi} = a_i\left(\frac{\sigma_{\mathrm{d}i}}{\sigma_{\mathrm{s}i}}\right)^{m_i} N^{b_i} \tag{6-16}$$

式中，a_i、m_i、b_i 列于表 6-2 中。利用分层总和法，最终附加沉降为：

$$s_d = \sum_{i=1}^{n} \varepsilon_{pzi} H_i \tag{6-17}$$

式中　n——分层后的层数；

H_i——每层的厚度，一般取 1 m。

表 6-2　附加沉降计算参数

参数		ML(低液限粉土)	MH(高液限粉土)	CL(低液限黏土)	CH(高液限黏土)
a	平均值	0.64	0.84	1.1	1.0
	范围	—	—	0.3～3.5	0.82～1.1
m	平均值	1.7	2.8	1.8	2.4
	范围	1.4～2.0	1.3～4.2	1.0～2.6	1.3～3.9
b	平均值	0.10	0.13	0.16	0.18
	范围	0.06～0.17	0.08～0.19	0.08～0.34	0.12～0.27

随着列车速度的提升，振动能量增加，沿深度方向的影响距离也增大，列车振动荷载引起的动应力在经过路基衰减后，残余更多的振动应力向下卧地基软土层中传播，产生累积塑性变形，引起路基产生沉降。此沉降是由列车荷载作用下的土中振动应力引起的，因而称之为振动附加沉降。附加沉降取决于振动应力影响深度内振动应力的大小，振动应力计算值采用振动荷载时程激励下的路基振动应力值。

列车轴重差异反映出列车的载重量的变化，是列车动荷载水平的重要影响因素。选取固定的基床弹性模量组合，即基床表面弹性模量为 150 MPa，基床底层弹性模量为 110 MPa，改变列车轴重水平，从客车到货车水平过渡，取四种不同的轴重，分别为小轴重 23 t、中轴重 27 t、大轴重 30 t、特大轴重为 34 t。

四种轴重条件下，速度为 43 km/h、80 km/h、160 km/h 和 200 km/h 附加沉降及其影响深度如图 6-23 所示。随着速度增加，路基产生的附加沉降呈线性增加，且不受轴重影响。随着列车轴重增大，附加沉降呈现出低轴重时增加缓慢，高轴重时增加迅速的变化特征，且随着速度提升，这种变化特征越趋明显。

小轴重列车从现行速度提升至 160 km/h 后，影响深度增加 2 m，相对于现行速度条件下基床顶面以下 6.8 m 的影响深度增加 30%。路基附加沉降随速度提升而增大，当列车速度从现有速度提升至 160 km/h 后，附加沉降达到 21.6 mm，约为原有水平的 3 倍。

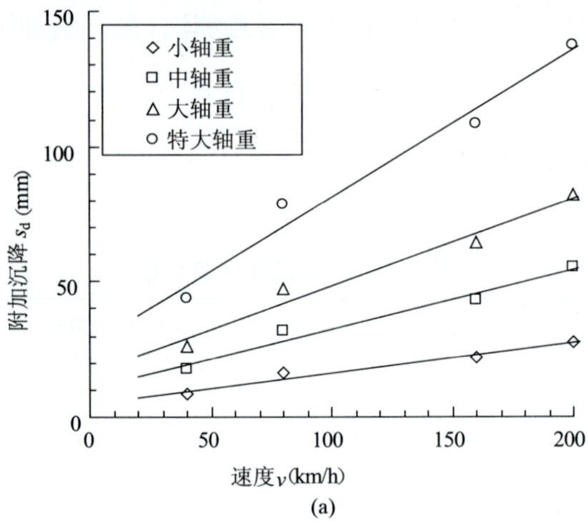

(a)

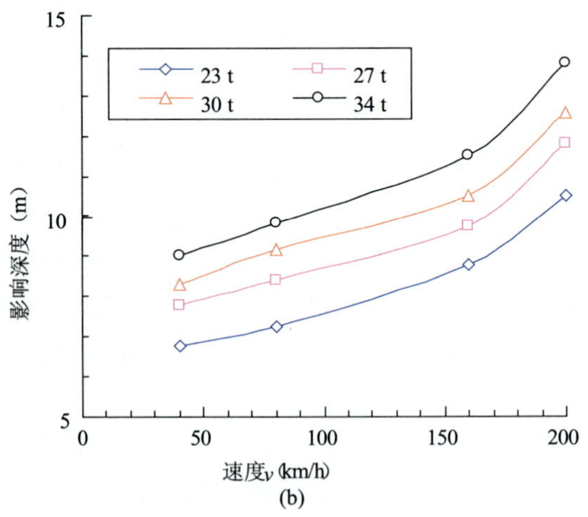

(b)

图 6-23　附加沉降随速度变化曲线

6.5　小　　结

通过建立既有线路基-场地典型结构断面的数值仿真模型，利用动态有限元方法和无限元透射边界，以动态荷载时程激励分析了提速对路基动力特性的影响，得到以下主要结论。

(1)路基各点振动量随着速度提升呈指数级增长，增长速度先慢后快，尤其在列车速度超过 80 km/h 后，增长速度明显加快。当列车速度从现行速度 43 km/h 提升至 160 km/h 后，基床表层竖向加速度幅值最大值从 0.8 m/s^2 上升到 5.4 m/s^2，增加了 5.75 倍，振动加速度增加幅度较大。

(2)从现行速度提升至 160 km/h 后，基床顶面动应力峰值从从 46.6 kPa 上升到 79.8 kPa。随着距基床顶面深度增大，振动应力增加幅度降低，路基深层动应力受提速影响程度降低，提速改造的关键在路基浅层。尽管提速引起路基的动应力大幅度增大，列车通过时地基床的瞬时沉降变化不大，小于 2.5 mm，仍处于 3.5 mm 的安全限制值以内，提速对既有线路基的瞬时位移影响不大。

(3)随着速度的增加，动应力影响深度呈线性增加，从现有速度提升至 160 km/h 后，影响深度从基床顶面下 6.8 m 增加到 8.8 m。路基附加沉降随速度提升而增大，速度提升至 160 km/h 的附加沉降达到 21.6 mm。

(4)随着轴重增大，振动加速度增加，动应力增大，附加沉降增加。大轴重列车行驶对深层的软土影响更明显，为了满足大轴重列车行驶安全的要求，深层软土地基处理很有必要。

7 提速条件下路桥过渡段动力分析

衔接桥台和土质路基的铁路路桥过渡段是路基的薄弱部分，尤其在软土地区，路基工后沉降较难控制，长期运营的既有铁路土质路基会有较大沉降，造成相对桥台的差异变形，这在金山铁路沿线桥梁路基调查中已得到证实。既有铁路路桥过渡段存在路基模量差异，引起差异沉降，列车提速引起动荷载增大，容易产生剧烈的动力响应和变形，恶化轨道状态，影响行车安全。因此，需要研究行车速度变化、差异沉降、模量突变对路基或轨道在列车往复动荷载下所表现的动态特性影响，从而评价既有铁路过渡段对提速的动力适应性。

针对路桥过渡段差异沉降问题，基于子结构分析方法，将过渡段整体受力体系拆分为路基-地基与轨道-基础两个子模型。前者针对上海金山软土路基，利用一种简单有效考虑轨枕分担和道床应力扩散作用的移动荷载模拟列车荷载，基于透射边界-无限元人工边界，建立既有铁路路桥过渡段路基的三维模型，分析既有铁路路桥过渡段在车速从 43 km/h 提至 160 km/h 时动力响应的变化规律；后者则通过简化的三维梁-离散弹簧支承模型，分析不同车速条件下，差异沉降和刚度变化对轨道动力性能的影响，建立差异沉降与轨道振动量的相关关系，提出过渡段内的差异沉降控制值。

7.1 路基-场地计算模型

7.1.1 显式动态有限元

路桥过渡段路基动力响应分析基于 ABAQUS 有限元分析平台，采用动态有限元方法。考虑到路桥过渡段沿线路方向路基几何断面存在差异，路基建模必须考虑纵向结构差异对结果的影响。采用三维仿真建模，模型自由度增加，单元数量大；为了提高计算效率，采用显式积分方法(Explicit)求解动力方程，分三步进行：

(1)确定计算区域，建立路基结构的有限元模型，在 ABAQUS/Standard 模块下，进行地应力平衡，获得初始应力场。

(2)采用 IMPORT 方法，导入静力计算结果及无限单元人工边界。

(3)施加动荷载，在 ABAQUS/Explicit 模块下进行动力计算。

7.1.2 计算模型和参数

既有铁路路桥过渡段路基典型结构形式如图 7-1 所示，组成部分为桥台、过渡段、基床表层、基床地层、基床下路堤和下卧地基，与土路基衔接坡面呈倒梯形。根据该结构建立三维有限元模型，如图 7-2 所示。计算区域纵向取桥台后两节列车长度 42 m，桥台前 10 m，桥台宽 1.5 m；横向自路堤边坡坡脚向两侧延伸 30 m；深度方向下卧地基取 20 m，分两层，表层土为粉质黏土，下卧层为软土。

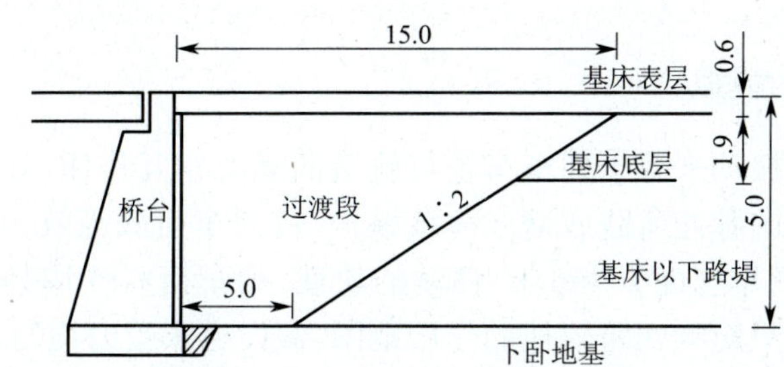

图 7-1　路桥过渡段几何尺寸(m)

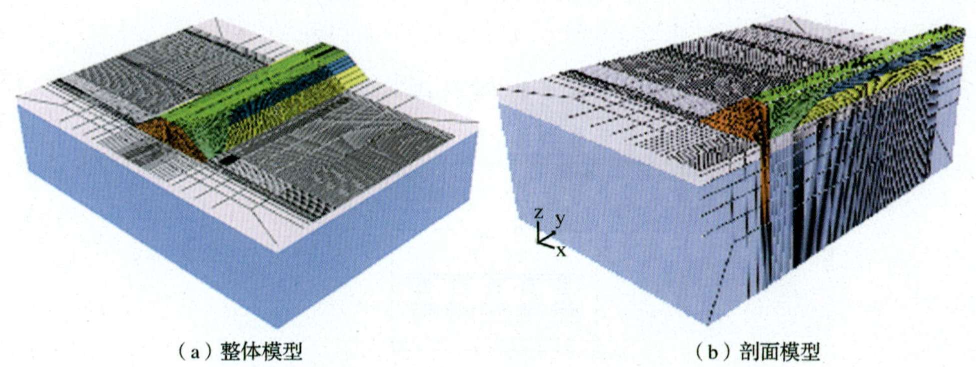

(a) 整体模型　　(b) 剖面模型

图 7-2　有限元网格及无限元边界

计算区域内的单元全部采用三维实体有限单元 C3D8，计算区域外侧采用 CIN3D8 无限单元作为边界条件，在使用无限元边界时，在有限元区域边界面交界处单元拆分，保证无限元单元节点按正确顺序排列。材料参数如表 7-1 所示。

表 7-1　计算参数列表

材料类型	厚度(m)	密度(kg/m³)	弹性模量(MPa)	泊松比
桥台	1.5	2 600	3×10^4	0.20
过渡段	—	1 851	120	0.27

续上表

材料类型	厚度(m)	密度(kg/m³)	弹性模量(MPa)	泊松比
基床表层	0.6	1 950	150	0.25
基床底层	1.9	1 900	110	0.25
路堤本体	2.5	1 800	50	0.35
表层土	2.0	1 915	20	0.34
下卧层	18.0	1 800	14	0.35

7.1.3 列车荷载的模拟

基床与路基的振动来源于列车车轮与轨道的动态相互作用，激励可近似采用一定作用频率和幅值的脉冲荷载或谐波荷载模拟，将列车荷载等效为按实际编组列车车轮位置排列，以列车速度 v(km/h)移动的轮载，列车荷载作用频率与实际情况一致。考虑单个轮载只影响四跨轨枕的作用范围，假设道床受力均匀，将作用在基床上的激振力的幅值简化为单个动轮载经过轨枕分担和道床扩散传递到基床表面的矩形荷载，取相邻 3 节车厢的 8 组轮对模拟，轮载力分布如图 7-3 所示。

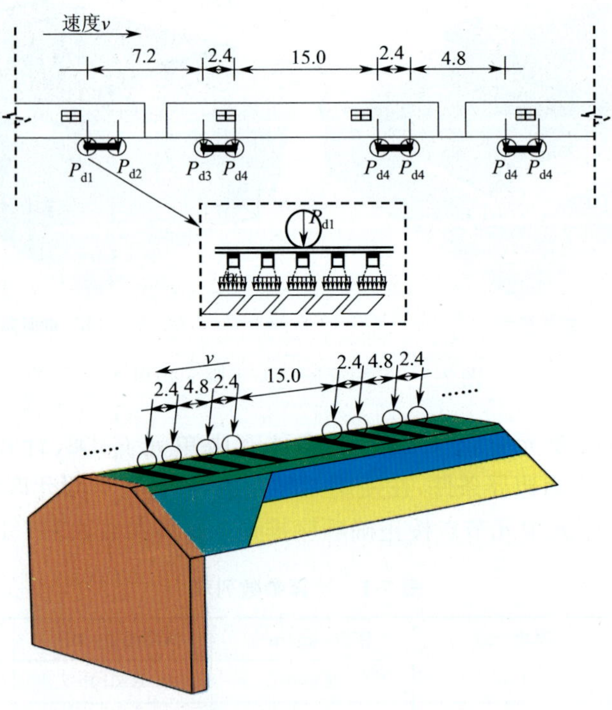

图 7-3　轮载通过过渡段轮载力分布示意图(m)

动轮载传递计算和路基表面荷载移动控制通过用 FORTRAN 编写 ABAQUS DVLOAD子程序完成。该程序嵌入到 ABAQUS/Explicit 动态显示计算模块进行计算。

7.2 轨道-基础计算模型

轨道系统通常由直接承担动轮载力的钢轨、支承体系轨枕和道砟以及连接扣件组成。一般情况下，轨道沿线路方向无差异变化，但是遇到特殊构筑物与路基的衔接段，如桥路、隧路、涵路等轨道基础刚度纵向变化较大的部位，轨道的变形即存在不均匀化，产生不平顺问题。如图 7-4 所示位于典型路桥过渡段的轨道，分为桥上轨道、过渡段轨道和路基上轨道三部分。随着轨道基础刚度的渐变，以及既有铁路在列车反复荷载作用下软土地基的沉降变形，过渡段轨道即会跟随基础产生不均匀形变，引发强烈的附加动力作用，反过来加剧轨道累积变形，石渣粉化，道床翻浆，轨枕空吊，继而可能诱发行车事故。

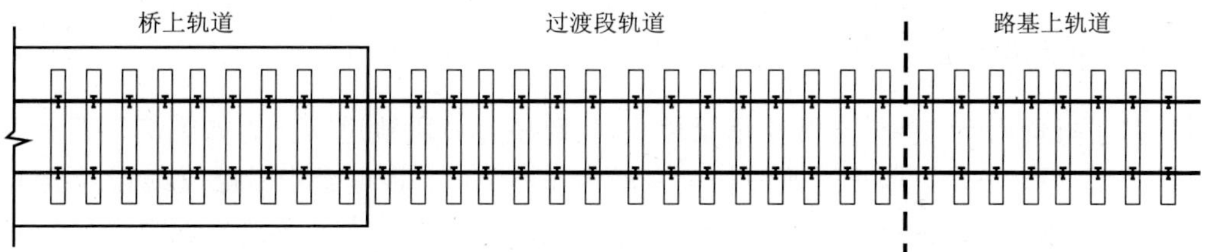

图 7-4 路桥过渡段轨道平面示意图

普通路基线路与桥台刚性轨道形成的曲线往往假定成折角型、指数型、双曲线型或正余弦函数型。通常采用折角型模型，如图 7-5 所示。将折角不平顺简化为四分之一波长的余弦，表示为：

$$y=\left(\frac{\Delta s}{2}\right)\left[1-\cos\left(\frac{\pi x}{l}\right)\right] \tag{7-1}$$

式中 y——轨面的竖向不平顺；

l——过渡段长度；

x——距起始点的距离；

Δs——总沉降差。

路桥过渡段由于巨大刚度差而引起轨道的动不平顺。路桥间的刚度变化如图 7-6 所示。其中桥台处的轨道的等效基础刚度为 nK_{f}，为路基段基础刚度的 n 倍。

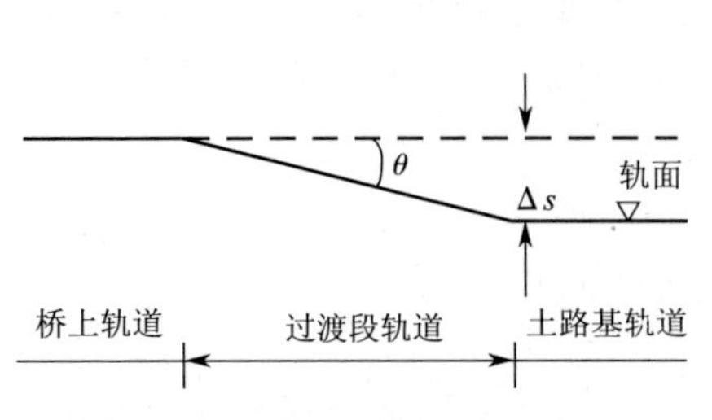

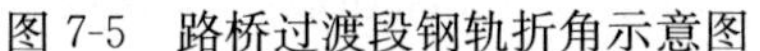

图 7-5 路桥过渡段钢轨折角示意图

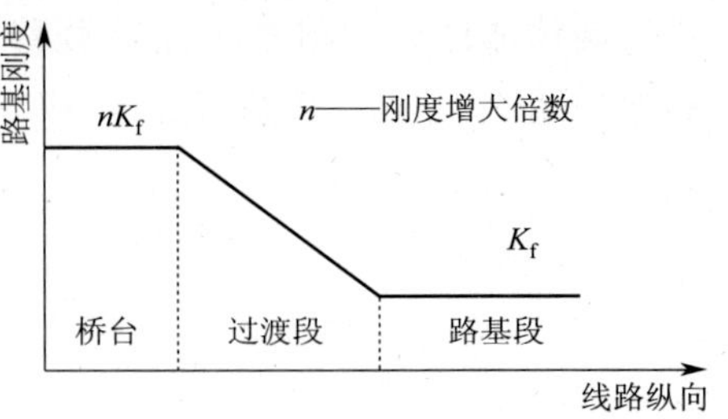

图 7-6 路桥过渡段刚度差示意图

现场调查和资料调研表明，由于软土地区的差异沉降严重，既有铁路路桥过渡段轨道问题主要集中在静不平顺。早期铁路设计标准低，过渡段处理方法简易，存在刚度突变的动不平顺问题。在研究过渡段轨道动力响应特征时，不考虑随机不平顺，采用静不平顺和动不平顺相结合的动力计算模型。针对静不平顺，引用车辆-轨道耦合动力学考虑路桥过渡段差异沉降的直线折角模型，将轨道假定为存在折角的弹性支承梁，轨下基础离散为多个具有一定刚度变化的弹簧阻尼体系，引入动力有限元方法，在模拟列车动轮载激励下，分析路桥过渡段沉降差和刚度突变对过渡段轨道振动的影响。

7.2.1 过渡段轨道几何模型

基于折角模型和弹性离散支承梁模式，将路桥过渡段轨道简化为如图 7-7 所示的计算模型，通常按设计要求过渡段长度一般为 10～20 m，根据金山铁路支线设计要求取 15 m，向桥台和土路基各延伸 30 m，轨道总长 75 m。桥台与土路基轨面由于存在沉降差 Δs，构成角度为 θ 的折角。轨道下轨枕和基础用单层离散弹簧-黏壶模拟。黏壶阻尼为 c，桥台、过渡段和土路基的弹簧刚度分别为 K_{fb}、K_{ft} 和 K_{fe}，P_d 为轨道的动态激励。

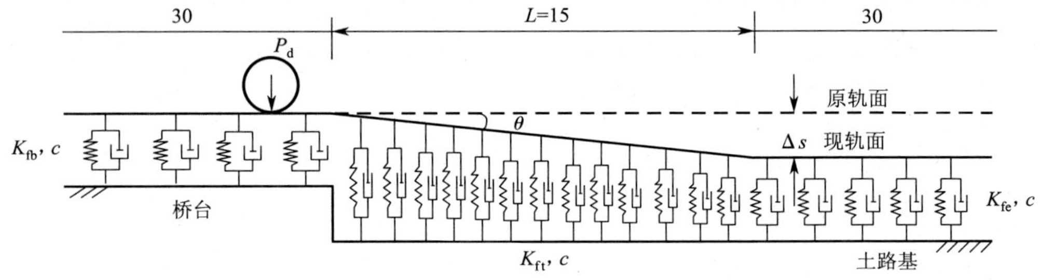

图 7-7 路桥过渡段轨道动力计算几何模型(m)

7.2.2 过渡段轨道有限元模型

对过渡段折角轨道分析模型，建立 ABAQUS 动态有限元模型，但不同于以往的一维或二维梁条件，将轨道设置为三维梁，利用实体单元 C3D8 模拟，针对过渡段的轨道，利用 HYPERMESH 中的 HYPERMORPH 单元形变功能进行细部处理，精确控制轨道折角角度，实现不同差异沉降值模型的构造。利用 ABAQUS 提供的弹簧阻尼单元模拟轨道基础。全部弹簧阻尼单元呈竖直状态，区别桥上轨道、过渡段轨道、土路基轨道三段设置弹簧刚度，实现基础刚度的变化。弹簧底部为刚性地基，用一层完全约束的壳单元模拟。全部单元数量为 21 126 个，轨道单元为 18 000 个，弹簧单元为 126 个。弹簧间距与轨枕间距一致，即 0.545 m。

如图 7-8 所示，以折角角度大小为主要变量，建立过渡段三维单轨有限元模型，长度为 15 m，考虑折角 θ 分别为 0、2.5‰、5.0‰、7.5‰、10.0‰和 12.5‰，对应的桥台过渡段差异沉降 Δs 为 0、38 mm、75 mm、113 mm、150 mm 和 188 mm。根据《京沪高速铁路线桥隧站设计暂行规定》，一般要求路桥过渡段沉降差 $\Delta s \leqslant 50$ mm；《秦沈客运专线桥隧站设计暂行规定》要求 $\Delta s \leqslant 80$ mm；对于一般既有线改造则可以放宽其限值，可取 $\Delta s \leqslant 100$ mm。因此，按差异沉降的范围为 $0 \leqslant \Delta s \leqslant 188$ mm 分析，满足规范要求。

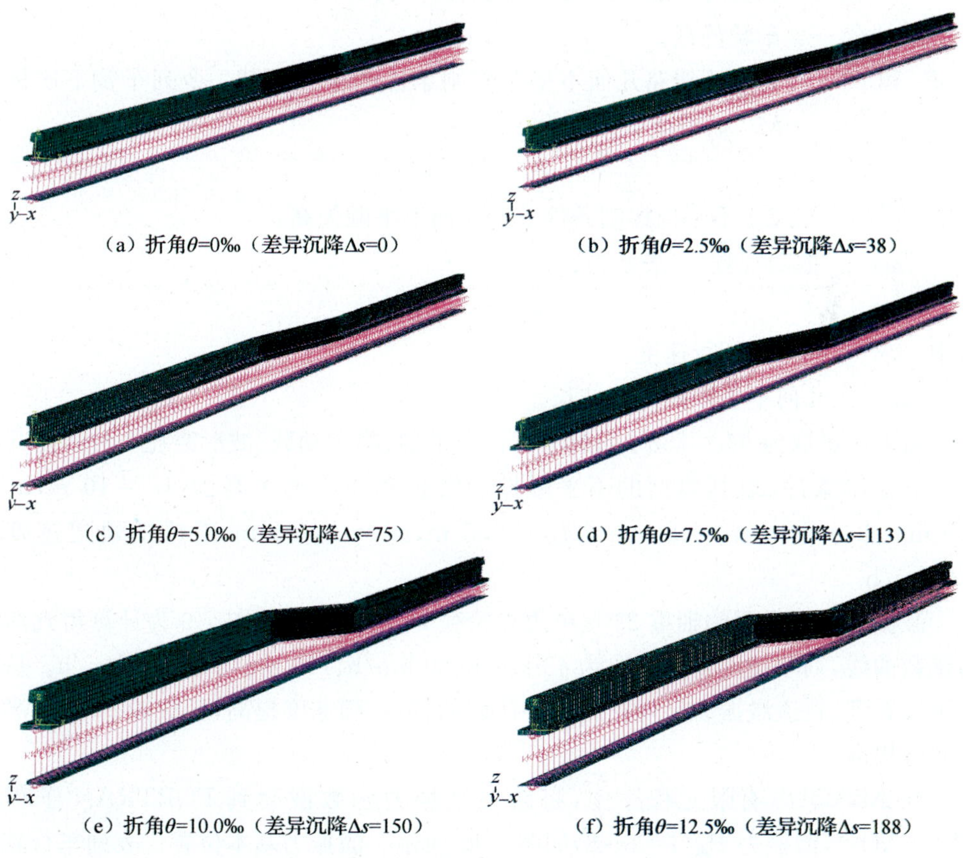

(a) 折角θ=0‰（差异沉降Δs=0）　(b) 折角θ=2.5‰（差异沉降Δs=38）

(c) 折角θ=5.0‰（差异沉降Δs=75）　(d) 折角θ=7.5‰（差异沉降Δs=113）

(e) 折角θ=10.0‰（差异沉降Δs=150）　(f) 折角θ=12.5‰（差异沉降Δs=188）

图 7-8　路桥过渡段轨道动力计算有限元模型

7.2.3 轨道激振力

轨道激振力为车轮与钢轨间的作用力，轨道系统承受的直接动态荷载。轮轨力产生的主要原因是由各种不平顺和轮周局部扁疤造成的，轮轨力主要出现在低频(0.5～10 Hz)、中频(30～60 Hz)和高频(100～400 Hz)三个频段。用一个激振力函数模拟轮轨力，与高、中、低频对应，反映不平顺、附加动荷和轨面波形磨耗效应。激振力函数由静荷载和一系列正弦函数叠加构成，表达式为：

$$P_d(t)=k_1k_2(P_0+P_1\sin\omega_1 t+P_2\sin\omega_2 t+P_3\sin\omega_3 t) \tag{7-2}$$

式中 k_1——反映整个列车荷载所产生的动力响应的四组轮载在线路方向进行组合叠加时的叠加系数，一般取 1.2～1.7，取 1.5；

k_2——轨枕等传递作用的分散系数，一般取 0.6～0.9，取 0.7；

P_0——车轮静载；

P_1、P_2 和 P_3——对应于线路几何不平顺控制条件的振动荷载。令列车簧下质量为 M_0，振动荷载幅值为：

$$P_i=M_0a_i\omega_i^2 \tag{7-3}$$

式中 a_i——相应于不平稳控制条件下的几何不平顺矢高；

ω_i——振动圆频率，表示为：

$$\omega_i=2\pi v/L_i \tag{7-4}$$

式中 v——列车的运行速度；

L_i——几何不平顺曲线的波长。

簧下质量取为 $M_0=750$ kg；对应于行车平稳、附加动载、波形磨耗 3 种线路几何不平顺控制条件，取其典型的不平顺振动波长和相应的矢高为：$L_1=10$ m，$a_1=3.5$ mm，$L_2=2$ m，$a_2=0.4$ mm，$L_3=0.5$ m，$a_3=0.08$ mm，对应的轨道速度为 200 km/h。

激振力计算采用的轴重 23 t，单边静轮载 $P_0=115$ kN。图 7-9 为计算得到激振力函数曲线，列车速度 v 分别取为 43 km/h、80 km/h、140 km/h 和 160 km/h。从图中可以看到，轨道激振力呈现正向脉冲荷载的特点，随速度提高，荷载频率增大，激振力峰值提高。

在 ABAQUS 有限元程序中，将轨道激振力函数嵌套到 FORTRAN 子程序 DVLOAD中，激振力 $P_{di}(i=1\sim8)$如图 7-10 所示。激振力基本位置代表列车行驶通过时，相邻节车厢连续移动的 4 个轮对对轨道的激振点。

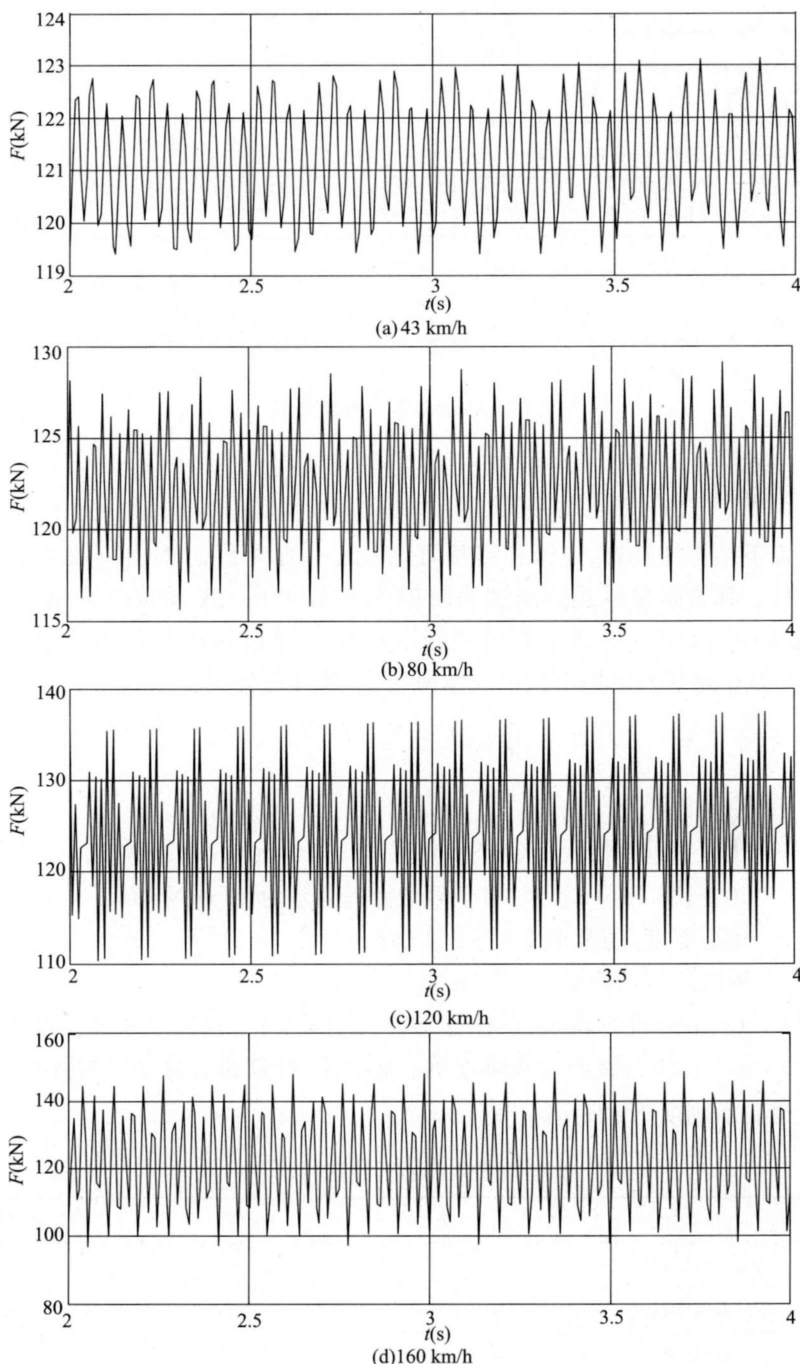

图 7-9　不同速度下的轨道激振力函数曲线

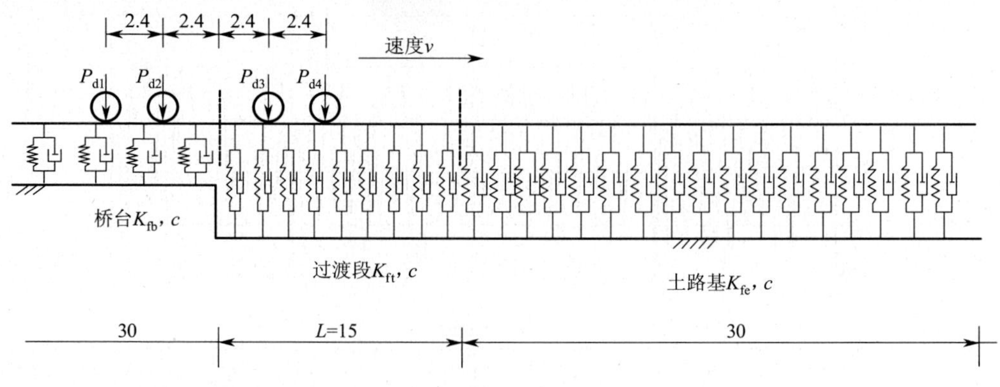

图 7-10　轨道激振力加载模式(m)

7.2.4　过渡段基础计算参数

轨道以下结构如轨枕、道床和路基简化为统一的轨下基础，由离散支承的弹簧阻尼单元替代。弹簧阻尼单元的刚度为轨道支承刚度 K。K 的取值与基础弹性模量密切相关，Vesis(1963)得到半无限空间欧拉梁与轨道基础弹性模量之间的关系，Heelis(1999)在此基础上提出轨道支承刚度 K 的计算公式：

$$K=\frac{0.65E_s}{1-\mu^2}\sqrt{\frac{E_sB^4}{EI}} \tag{7-5}$$

式中　μ——泊松比；

E_s——轨道基础弹性模量($\mathrm{MN\cdot m^{-2}}$)，一般情况下，轨道基础弹性模量一般为 50～100 $\mathrm{MN\cdot m^{-2}}$；对于软土路基，E_s 为 10 $\mathrm{MN\cdot m^{-2}}$；

B——轨道宽度，通常取 2.5～2.6 m；

EI——钢轨的抗弯模量($\mathrm{MN\cdot m^{-2}}$)。

采用 60 kg/m 标准钢轨，轨道计算参数列于表 7-2。路基段轨道支承刚度 K_{fe} 为 10.47 $\mathrm{MN\cdot m^{-2}}$。桥台轨道支承刚度 K_{fb} 为 nK_{fe}，计算时 n 取 10、50、100 和 1 000。过渡段轨道支承刚度 K_{ft} 为 $nK_{fe}/2$。

表 7-2　轨道计算参数

内容	符号	量值	单位
钢轨弹性模量	E	2.059×10^{11}	N/m
钢轨截面惯性矩	I	3.217×10^{-5}	$\mathrm{m^4}$
钢轨密度	ρ	7.9×10^{3}	$\mathrm{kg/m^3}$
轨道宽度	B	2.55	m

续上表

内容	符号	量值	单位
轨道基础弹性模量(普通路基)	E_s	10	MN · m^{-2}
轨道基础泊松比	μ	0.35	—
轨下阻尼	c	7.5×10^4	N · m/s

7.3 计算结果分析

7.3.1 基床顶面动应力分析

路桥过渡段路基在列车速度为 43 km/h(实测速度)、80 km/h、120 km/h 和 160 km/h 四种条件下,桥头差异沉降取 150 mm,竖向动应力随深度分布如图 7-11 所示。

图 7-11 为不同速度条件下距桥台背 6 m 处路桥过渡段路基中心竖向动应力沿深度方向分布曲线。随着列车速度提升,基面以下一定深度范围内土体动应力增大。动应力沿路基结构向下衰减的规律不受速度影响。速度为 160 km/h,桥台背后不同距离处的动应力竖向分布曲线如图 7-12 所示,距桥台 6 m 和 13 m 的断面的动应力较大,动应力衰减曲线形态与过渡段一致。表 7-3 列出相对于基床顶面动应力,基面以下 5 m 深度范围内动应力衰减百分比,不同速度下动应力在基床范围以内基本衰减 60%～70%,深度 5 m 处的动应力衰减 90%,残余 10%的动应力传递到地基中。

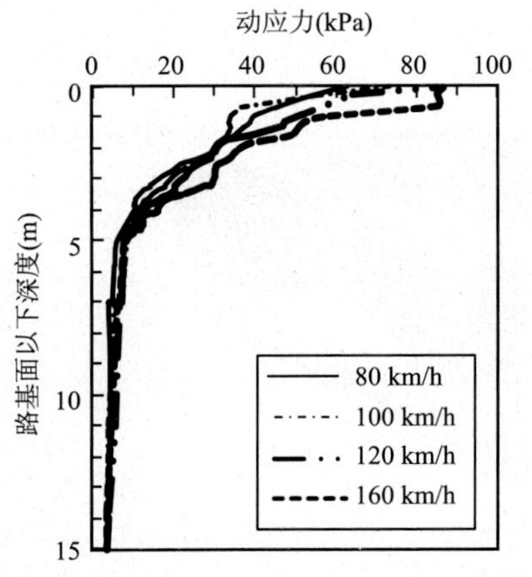

图 7-11 不同速度下路基动应力竖向分布曲线

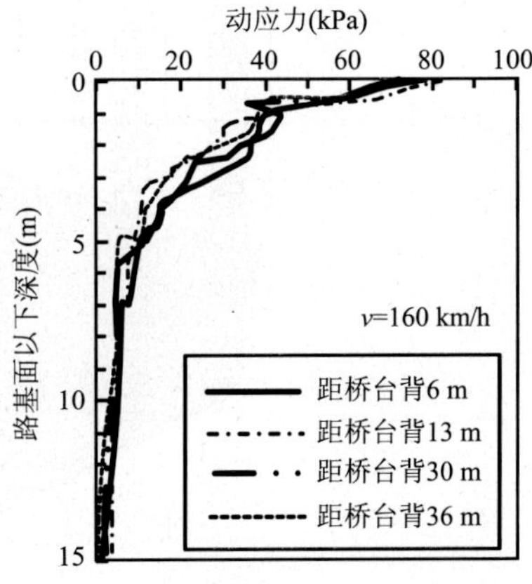

图 7-12 路基动应力竖向分布曲线

表 7-3 基面以下动应力衰减百分比

深度(m)	不同速度动应力衰减百分比(%)			
	43 km/h	80 km/h	120 km/h	160 km/h
0.6	27.8	50.5	44.1	34.7
2.5	65.5	66.6	70.4	64.8
3.0	75.1	74.4	75.3	65.7
4.0	83.5	84.8	86.3	81.8
5.0	90.8	88.9	91.2	91.2

7.3.2 基床顶面动位移分析

图 7-13 为不同速度条件下，首个轮对驶入路桥过渡段时竖向动位移分布云图。

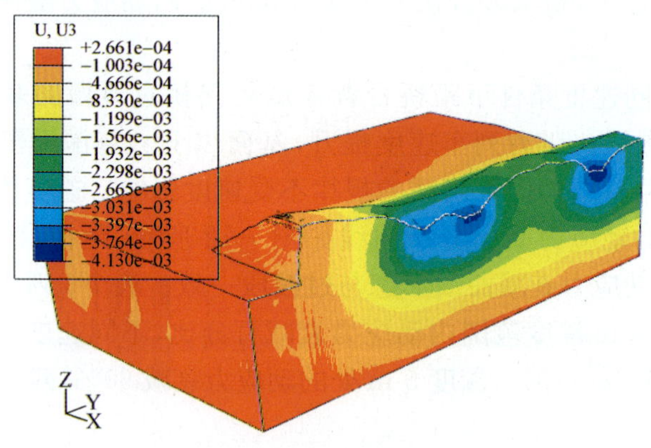

(a)43 km/h(实测速度)

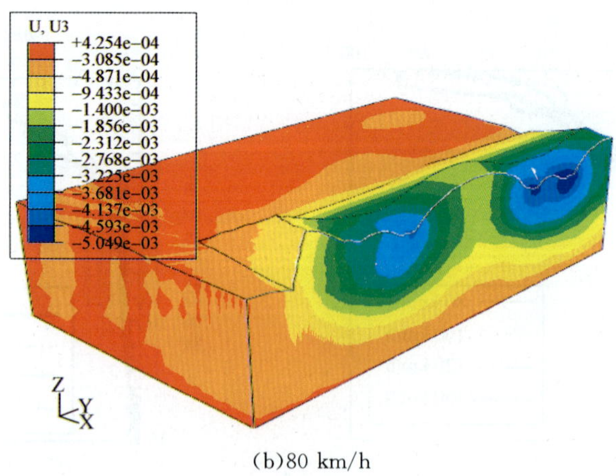

(b)80 km/h

图 7-13

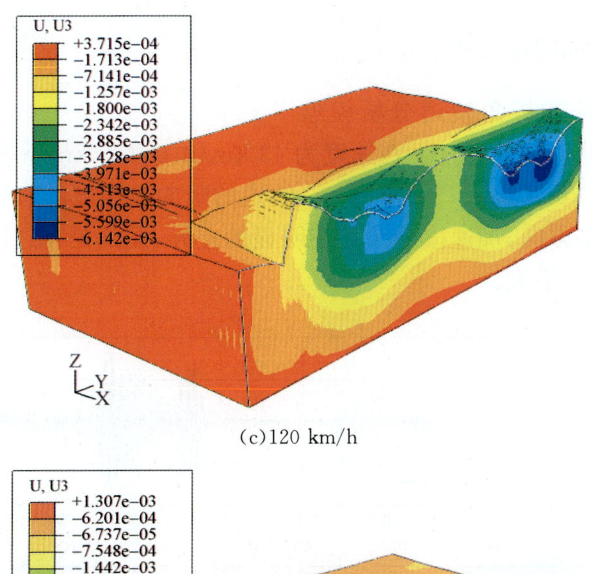

(c)120 km/h

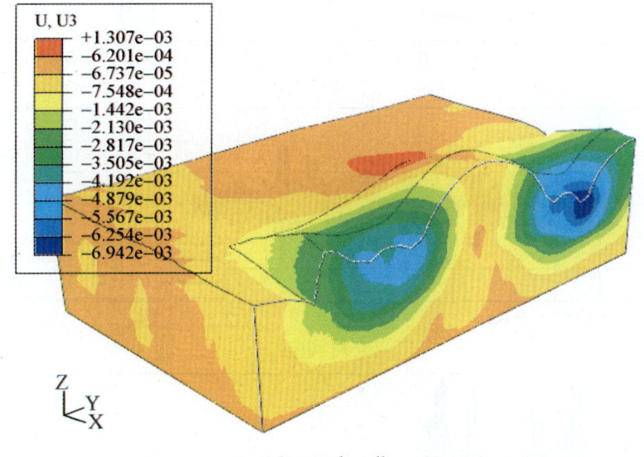

(d)160 km/h

图 7-13　路桥过渡段路基瞬时动位移云图

轮载力作用部位出现较大竖向位移；随着列车速度增加，轮载力作用部位竖向位移增大，路基波动变形显著，沿深度方向的动位移影响区域扩大。

不同速度条件下过渡段内基床顶面位移时程曲线表明，移动荷载引起的动弹性位移不超过 3 mm。列车荷载通过时的动变形随距桥台距离变化如图 7-14 所示，远离桥台的断面动变形较大，过渡段内振动影响不明显，过渡段路基填料变形模量大，抑制竖向动变形。

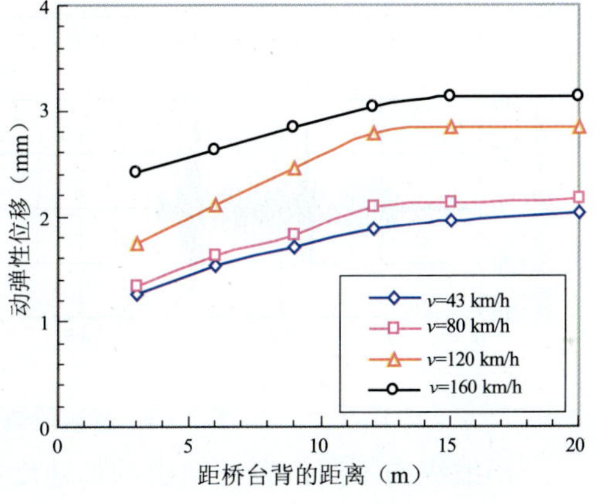

图 7-14　基床顶面动弹性位移纵向分布

7.3.3 轨道振动加速度分析

利用移动荷载和折角轨道分析模型计算路桥过渡段轨道振动特性。在速度为 43 km/h、0、120 km/h 和 160 km/h 时，距桥台背 3 m、6 m、9 m、12 m、15 m 和 20 m 轨道的竖向加速度的时程曲线如图 7-15所示。沿着轨道线路方向，加速度分布存在明显的差异，尤其是在过渡段与土质路基的交接处，振动量达到最大。

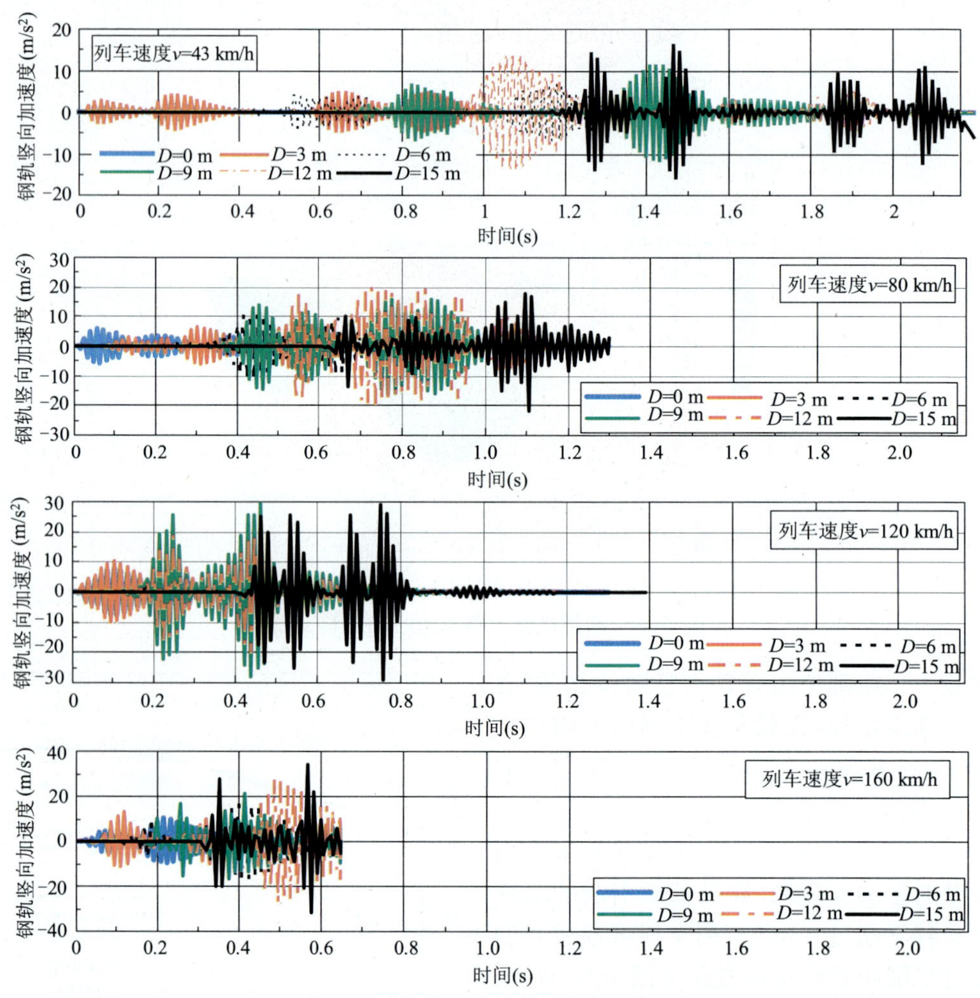

图 7-15　过渡段轨道竖向加速度时程曲线

沿线纵向不同位置处轨道的加速度如图 7-16 所示，轨道加速度在距桥台背距离 15 m 处达到最大，轨道振动在路桥过渡段差异沉降最大处明显；随着列车速度增大，轨道振动增加。如果取轨道振动加速度的安全极限为 1 000 m/s^2，根据图 7-16 中的振动加速度的计算值远小于加速度的安全极限值，既有铁路桥头过渡段的差异沉降满足提速 160 km/h 的安全要求。

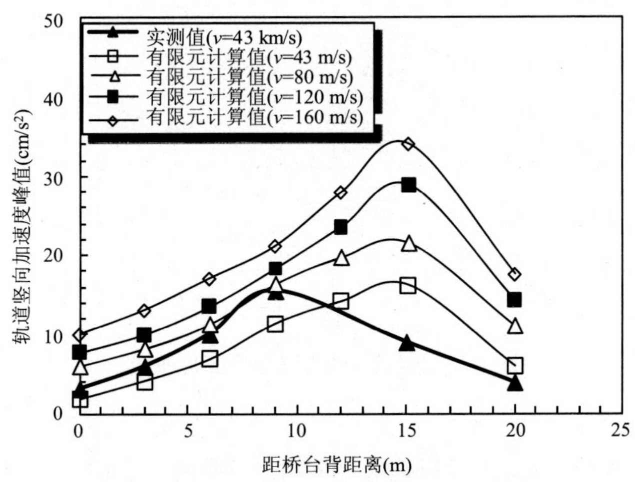

图 7-16 过渡段轨道竖向加速度峰值纵向分布曲线

通过计算轨道折角 θ 为 0、2.5‰、5.0‰、10‰和 12.5‰列车荷载通过时过渡段轨道的竖向加速度，不同速度下离桥台背距离为 15 m 的加速度如图 7-17 和图 7-18 所示。差异沉降增大，轨道振动加速度基本呈线性规律增长；在差异沉降量不是很大的情况下，轨道振动加速度随速度增长幅度不大。从图 7-16 和图 7-17 中看出，提速到 160 km/h 时，保证轨道振动加速度小于 1 000 m/s^2 的桥头过渡段的差异沉降不能超过 150 mm。

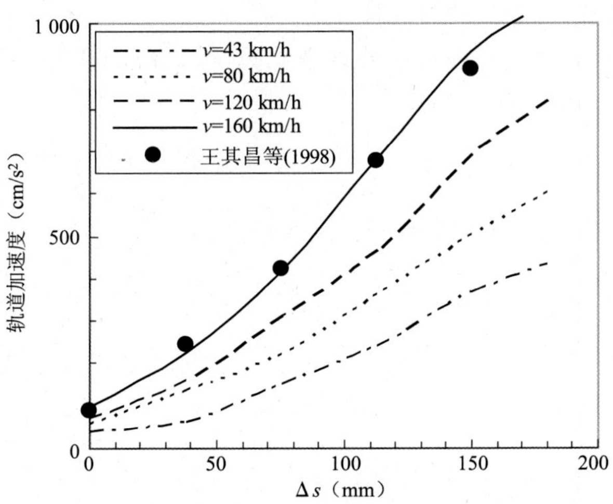

图 7-17 轨道加速度随差异沉降变化曲线

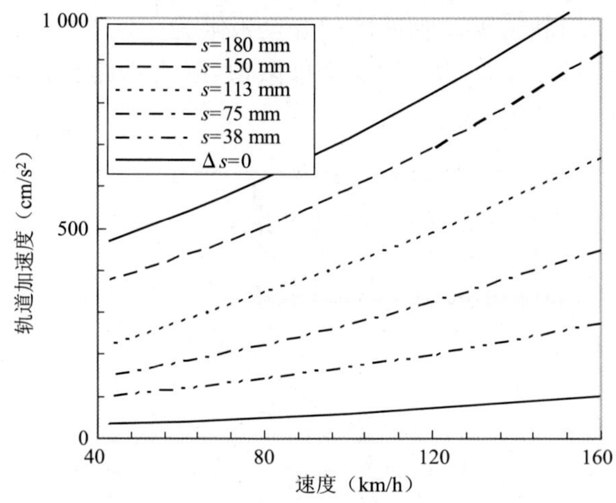

图 7-18　轨道加速度随速度变化曲线

7.4　小　　结

通过建立路桥过渡段路基和轨道三维动力分析模型，分析计算了在提速过程中，列车速度对既有铁路路桥过渡段路基的动力影响，可得到如下几点初步结论。

(1)相比普通路基，在列车动荷载作用下路桥过渡段路基在提速条件下会产生较大的动应力，且沿着桥台向路基的过渡方向呈先增加值峰值，再减小。路桥过渡段的动应力比一般路基段大，说明过渡段的不平顺引起动应力增大，在提速时需要加强过渡段的路基结构强度，改善不均匀沉降。

(2)过渡段轨道振动与差异沉降的关系表明，提速到 160 km/h 桥台过渡段差异沉降不能超过 150 mm。

8 新建二线软基处理施工影响分析

近几年既有铁路提速改造线路多为铁路干线，经过运营中的养护维修、逐次提速，提速改造主要针对基床处理。在软土地区既有铁路提速改造中，既有线路桥过渡段路基控制措施的研究成果不多，既有铁路提速改造中抬道引起沉降及其对提速的影响没有成熟经验可循。因此，依托上海金山铁路既有线提速改造工程，研究软土地区低等级铁路提速改造中既有线路基沉降和路桥过渡段差异沉降标准，提出既有线路基沉降的控制方法，具有十分重要的意义。

软土地区低等级铁路提速改造中，列车运行振动影响深度增加，地基产生新的沉降；对于路床不满足提速要求的路段，需对增加二线的软土地基采取地基加固措施。在地基加固施工过程中，对既有铁路路基产生挤压，既有铁路路基中产生超孔隙水压力，超孔隙水压力消散可能会引起路基产生附加沉降，严重时会影响既有线正常运营。针对金山铁路既有线提速改造新建二线路基加固工程施工段，制定现场不同地基处理方式施工引起的孔隙水压力、侧向土压力和侧向位移的测试方案，研究地基处理施工引起的软土层超孔隙水压力、侧向土压力、侧向位移和沉降特性。

测试过程总体分两个阶段进行，一是地基处理施工期，二是路基填筑期，每个阶段目标测试分析内容如下：

1. 地基处理施工期

(1)桩周不同横向和竖向距离的土的超孔隙水压力变化规律；

(2)桩周不同横向和竖向距离的侧向土压力变化规律；

(3)桩周土的侧向位移变化规律以及地表沉降情况，定性评价扰动程度。

2. 路基填筑期

(1)随着填土高度增加，地表沉降变化规律；

(2)对比不同地基处理方式，评价其扰动影响及处理效果。

8.1 现场测试实施

8.1.1 仪器埋设

图 8-1 为孔隙水压力计、土压力盒和测斜管在桩位平面图上的分布，由于对既

有铁路扰动是本次试验研究的重点，故大部分仪器均布置在了既有铁路路基坡脚处。

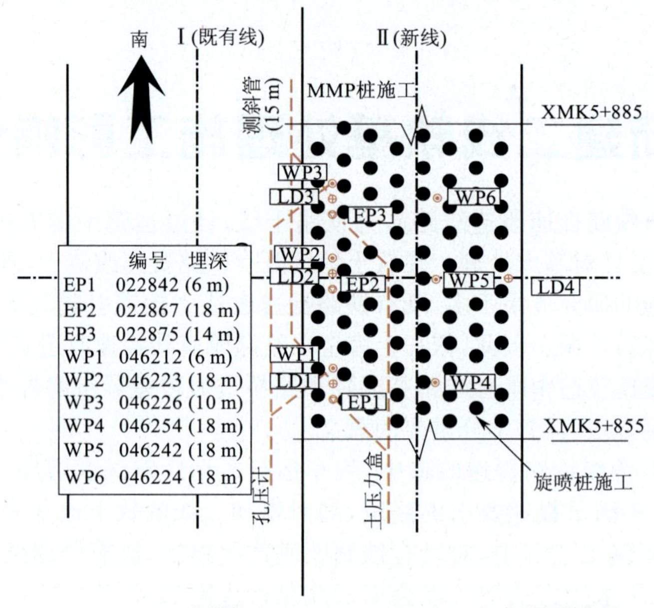

(a) Ⅰ测段（XMK5+855～XMK5+885）仪器埋设位置

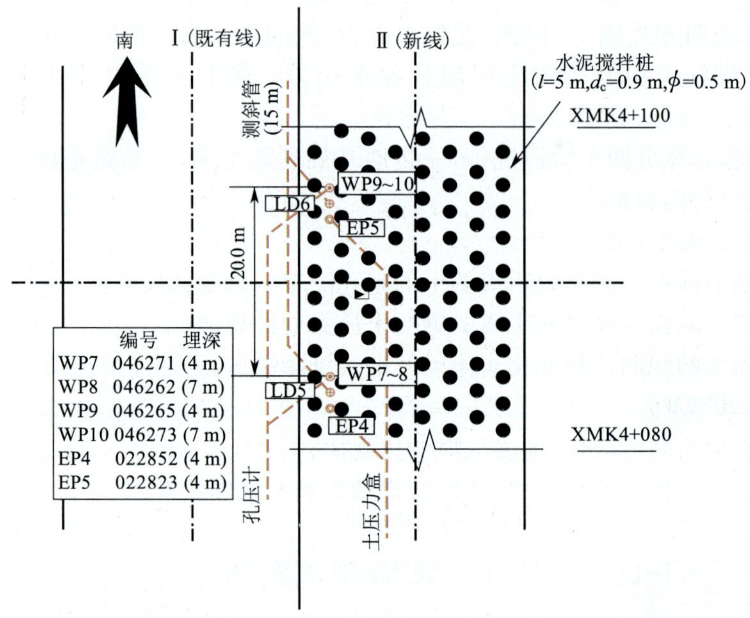

(b)Ⅱ测段(XMK4+080～XMK4+100)仪器埋设位置

图 8-1

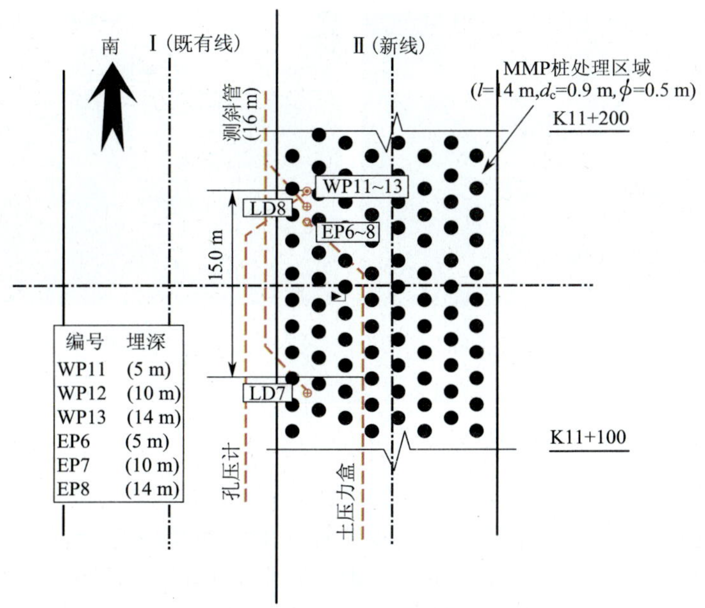

(c)Ⅲ测段(K11+100～K11+200)仪器埋设位置

图 8-1 仪器埋设平面图

1. 孔压计埋设

(1)将尼龙绳一端在孔压计上系牢,尼龙绳另一端到孔压计感应钢环的距离应等于埋设深度,将孔压计装进纱袋中,防止透水石被淤泥堵住;(2)钻孔至埋设深度下10 cm左右,利用尼龙绳将孔压计缓慢竖向放入埋设孔至预定深度后(此时尼龙绳一端与洞口平齐)灌入细砂,细砂数量以将孔压计填没为宜;(3)待细砂沉积稳定后投入膨润土球,埋设完成后每半天读取一次读数,待读数稳定后作为孔压初始读数。具体操作如图 8-2 所示。

(a)

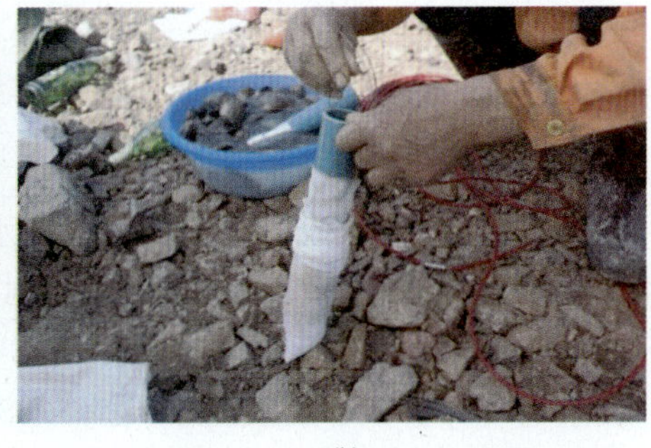

(b)

图 8-2

(c)　(d)

图 8-2　孔压计埋设

2. 土压力盒埋设

(1)截取比埋设深度长 30 cm 左右的测斜管,将土压力盒受力面朝上利用胶带将土压力盒固定在测斜管上,土压力盒至测斜管一端的距离应等于埋设深度;(2)在埋设位置钻孔,利用测斜管将土压力盒放入埋设孔中,调整受力面方向使其正对路基中心线(即侧向土压力方向),将下端预留的 30 cm 测斜管插入下层土体中,以起到稳定仪器受力面方向的作用。具体操作如图 8-3 所示。

(a)　(b)

图 8-3　土压力盒埋设

3. 测斜管埋设

钻孔一定要笔直,管子接口需打上防水胶,待胶水干透以后,再往下送,一般测斜管埋深要多出设计值 1 m 以上,固定住测斜管,以便能测得稳定数值。具体操作如图 8-4 所示。

测量电缆保护:利用挖土机开挖一条深 50 cm 左右的主槽至路堤边缘后,在测量电缆和主槽之间再使用人工开挖副槽。将测量电缆通过副槽引入主槽之后再统一引到路堤边缘。

8.1.2 现场监测情况

图 8-4 测斜管埋设

至 2010 年 8 月 30 日，现场试验共埋设孔隙水压力计 13 个，土压力盒 8 个，测斜管 10 根共计 194 m，用于监测地基处理施工过程中的水土压力变化规律以及路基变形情况，具体埋设使用情况如表 8-1 所示。

如表 8-2 所示，金山铁路既有线提速改造新建二线路基处理施工期监测于 8 月 17 日全部完成。施工期试验共分 4 个断面实施，具体测试过程时间如表 8-2 所示。

表 8-1 监测仪器埋设统计表

测段	地基处理	仪器名称	编号	埋设深(m)	埋设日期
Ⅰ测段 XMK5＋855～XMK5＋885	内侧 MMP 桩、外侧旋喷桩	测斜管	LD1	25	2010-05-23
			LD2	25	2010-05-23
			LD3	25	2010-05-23
			LD4	25	2010-05-24
		孔压计	WP1	6(破坏)	2010-05-24
			WP2	18	2010-05-24
			WP3	10	2010-05-24
			WP4	18	2010-05-24
			WP5	18(破坏)	2010-05-24
			WP6	18(破坏)	2010-05-24
		土压盒	EP1	6	2010-05-24
			EP2	18	2010-05-24
			EP3	10	2010-05-24
Ⅱ测段 XMK4＋080～XMK4＋100	水泥搅拌桩	测斜管	LD5	15	2010-05-25
			LD6	15	2010-05-25
		土压盒	EP4	4	2010-05-25
			EP5	4	2010-05-25
		孔压计	WP7	4	2010-05-25
			WP8	7	2010-05-25
			WP9	4	2010-05-25
			WP10	7	2010-05-25

续上表

测段	地基处理	仪器名称	编号	埋设深(m)	埋设日期
Ⅲ测段 K11+100～ K11+200	MMP 桩	土压盒	EP6	5	2010-07-26
			EP7	10	2010-07-26
			EP8	14	2010-07-26
		孔压计	WP11	5	2010-07-26
			WP12	10	2010-07-26
			WP13	14	2010-07-26
		测斜管	LD7	16(破坏)	2010-07-27
			LD8	16	2010-07-27
			LD9	16	2010-07-27
			LD10	16	2010-07-27

表 8-2　测试过程统计表

断面	仪器数量统计			测试开始日期	测试结束日期
	孔隙水压力计	土压力盒	测斜管		
Ⅰ测段	6	3	4	2010-05-23	2010-07-21
Ⅲ测段	4	2	2	2010-05-25	2010-07-10
Ⅳ测段	3	3	4	2010-07-26	2010-08-17

8.2　测试结果分析

8.2.1　成桩扰动机理

金山铁路既有铁路提速改造新建二线路基加固工程中，共采用了 6 种地基加固方式，分布为高压旋喷桩、水泥搅拌桩、MMP 桩、布袋注浆桩、袋装砂井、水泥土挤密桩。鉴于场地限制，本次现场监测选择了前三种，分析三种地基方式施工扰动机理。

1. 高压旋喷桩

高压旋喷桩施工中对周围土体存在 6 种作用。

(1)高压喷射流动压力

高压喷射流具有很高的流速，向土体喷射时会在一个很小的冲击面上产生很大的压应力作用，当压应力超过土颗粒结构的临界破坏压力时，土体便发生破坏。一般要求高压泵的压力在 20 MPa 以上，使喷射流有足够的冲击力破坏土体。

(2)喷射流的脉动负荷

当喷射流不停地以脉冲式冲击土体时，土粒表面便受到脉动负荷影响，逐渐积累起残余变形，使土粒失去平衡，从而促使了土体的破坏。

(3)喷浆冲击力

喷浆流断续地锤击土体,对土体产生冲击力,也促使土体的进一步破坏。

(4)空穴现象

当土体没有被射出孔洞时,喷射流冲击土体以冲击面上的大气压力为基础,产生压力变动,在压力差大的部位产生孔洞,呈现出类似空穴的现象。在冲击面上的土体被气泡的破坏力所侵蚀,使冲击面破坏。此外,由于喷射流激烈紊流的卷吸作用,使空穴周边的较软弱土体进一部被掏空,造成空穴扩大,从而使更多的土粒遭到破坏。

(5)水楔效应

当喷射流充满土层时,由于喷射流的反作用力,产生水楔。喷射流在垂直喷射流轴线的方向上,楔入土体的裂隙或薄弱部分中,这时喷射流的动压变为静压,使土粒发生剥落,加宽裂隙。

(6)挤压力作用

喷射流在终期区域,能量衰减很大,不能直接冲击土体使土粒剥落,但能对有效射程的边界土产生挤压力,对四周土有压密作用,使部分浆液进入土粒之间的空隙里,在桩体周围形成“刺状”连接体,使固结体与四周土体连接更紧密。

2. 水泥搅拌桩

水泥土搅拌桩施工时,对周围土体的扰动,主要是由于搅拌叶片的搅拌导致的土体挤压和拉裂作用,以及水泥浆液的渗透和劈裂作用。首先,搅拌头预搅下沉时,搅拌头通过搅拌叶片的切削,强行切割土体,破坏土体原有的结构关系,从而导致桩位及其附近土体的扰动。在搅拌叶片所覆盖的区域,由于强制搅拌,土体破碎,而与之交界的土体,则不可避免地会产生裂隙。另外,由于搅拌是从上往下的,很大程度上利用的是搅拌轴和电动机的固有重量往下压,因此对于土体,总是有一个比较大的压力,这个压力也会造成周围土体的扰动。其次,搅拌机喷浆提升时,一边搅拌,一般注入水泥浆。水泥浆注入时的压力,必然会对周围土体产生挤压扰动。另外,在搅拌下沉过程中,土体中会产生很多的裂缝,这些裂缝给水泥浆的渗透创造了很好的条件,相当于一种小范围的渗透和劈裂注浆。搅拌头提升过程中,搅拌头的反向转动,对下面的土体和浆液挤压,使浆液不容易往上冒,更促使了浆液渗入周围的土体,对其上面土体,有一个上拱作用,这会导致已有的周围土体的裂隙进一步扩大,从而使水泥浆液的进入更加容易,随着水泥浆的注入,扰动加剧。

3. 多向搅拌桩(MMP 桩)

多方位立体双向搅拌桩是指在水泥搅拌桩成桩过程中,由动力系统带动,分别安装在内、外同心钻杆上的两组搅拌叶片,同时正、反向旋转搅拌水泥土而形成的水泥搅拌桩。其破碎土体的机理与水泥搅拌桩基本相同,由于是双向搅拌,其对周围土体的破碎作用效果更加好,土体孔隙更大,再通过外钻杆上叶片反向旋转过程中的压浆作用和正、反向旋转叶片同时双向搅拌水泥土的作用，阻断水泥浆上冒，把水泥浆控制在两组叶片之间，使更多的水泥浆注入土体，因此对桩周土体产生更大的扰动。

8.2.2 Ⅰ测段测试结果分析

Ⅰ测段布置于 XMK5＋855～XMK5＋885 处，采用 MMP 桩和高压旋喷桩两种地基处理处理方式。

图 8-5 是地基处理施工中土压力的变化特性。从图 8-5 中可以知道，MMP 桩单桩施工过程中侧向土压力随时间变化曲线中有峰值存在，最大侧向土压力增量可达到 35 kPa，离桩身越近，影响越大。

图 8-6 是地基处理施工中土中超孔隙水压力的变化特性。图 8-6 中看出，超孔压最大达 20 kPa，超孔压消散很快，至打桩结束，超孔压残留 10％至 30％之间。

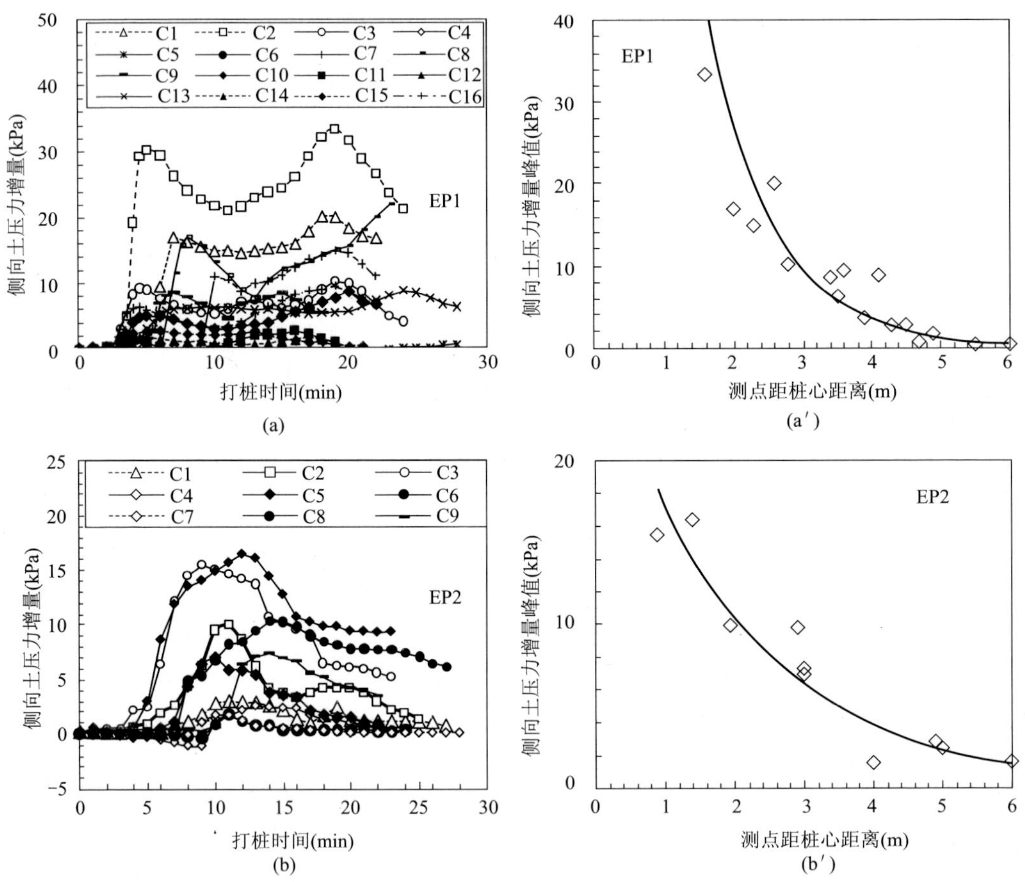

图 8-5

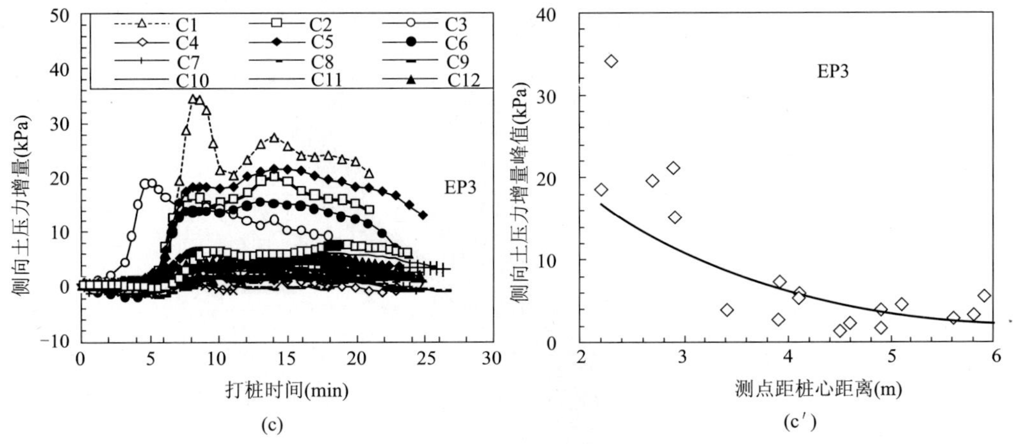

图 8-5　Ⅰ测段 MMP 桩施工侧向土压力变化规律

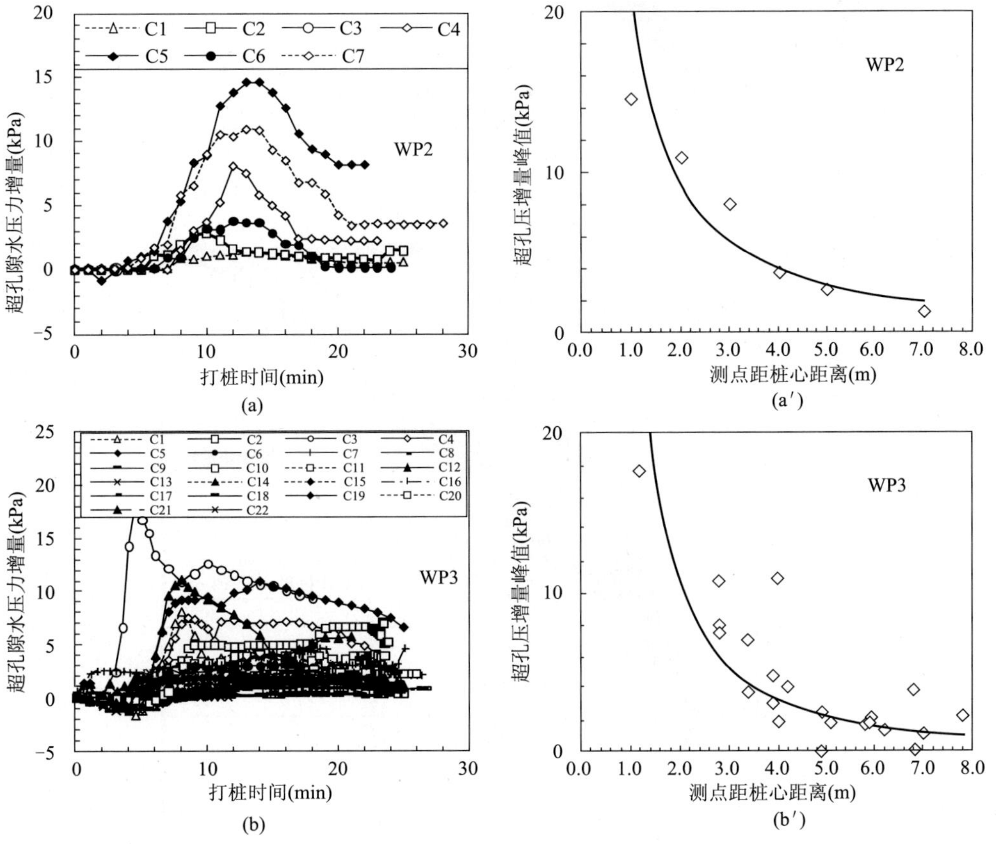

WP2

(a)　(a′)

WP3

(b)　(b′)

图 8-6　Ⅰ测段 MMP 桩施工超孔压变化规律

侧向位移(mm)
-20
30
80
130
180
0
-5
-10
-15
-20
-25
深度(m)
LD1
既有线
2010-06-03 两排MMP桩
2010-06-05 四排MMP桩
2010-06-08 MMP桩施工完毕
2010-06-11
2010-06-12
2010-06-15
2010-07-20
2010-08-11
2010-09-17
2010-10-08
2010-10-18
2010-10-29
2010-11-26
2011-01-05

(a)

侧向位移(mm)
-20
30
80
130
180
0
-5
-10
-15
-20
-25
深度(m)
LD2
既有线
2010-06-03
2010-06-05 两排MMP桩施工完毕
2010-06-08 MMP桩施工完毕
2010-06-11
2010-06-12
2010-06-15
2010-07-20
2010-08-11
2010-09-17
2010-10-08
2010-10-18
2010-10-29
2010-11-26
2011-01-05

(b)

图 8-7

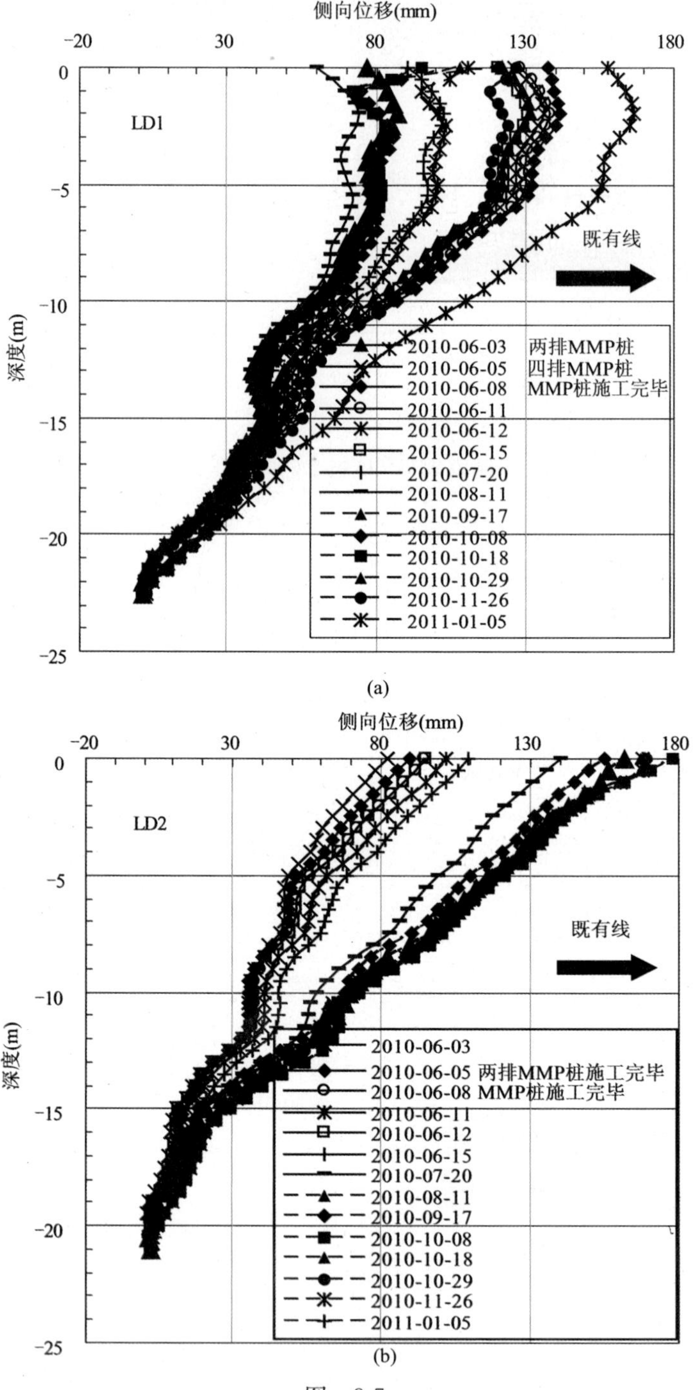

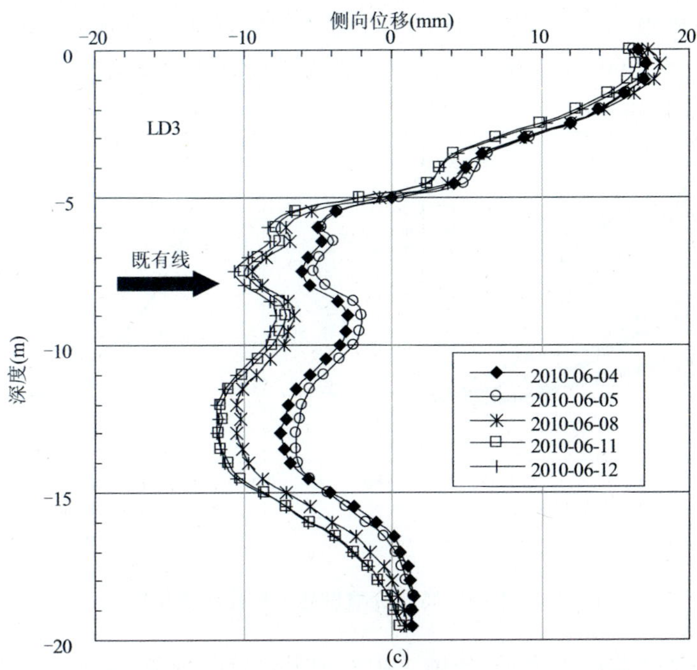

图 8-7　Ⅰ测段 MMP 桩施工相对侧向位移变化规律

打桩过程中，钻杆下钻和水泥浆地注入不可避免地引起土体挤压，本测段测斜管埋设于既有铁路路基坡脚，图 8-7 表示了 MMP 桩单桩施工过程中侧向位移随时间变化曲线。从图 8-7 中可以看出，打桩施工期内，相对侧向位移最大达 160 mm，最大值均发生在地面处，并且随着深度加大，相对侧向位移变小，越靠近地面，土体受挤作用越明显，MMP 桩施工对既有铁路的影响比较大，侧向位移增加。

图 8-8 是Ⅰ测段高压旋喷桩区土压力计埋设位置图。

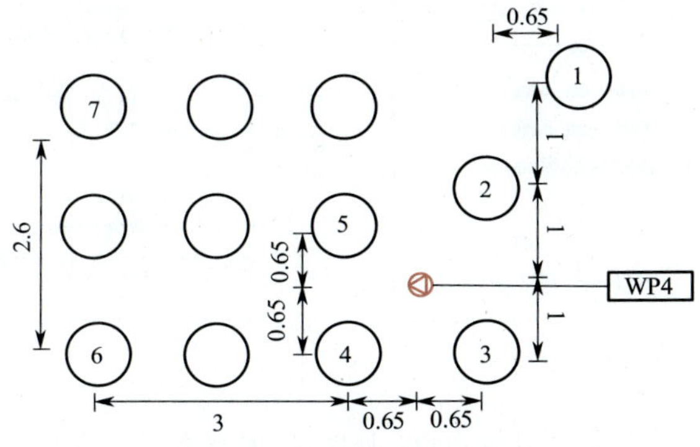

图 8-8　Ⅰ测段高压旋喷桩区仪器布置(m)

高压旋喷桩施工中对周围土体产生了很大影响，如图 8-9 所示，单桩施工中超孔压增量最大达到了 60 kPa，施工过程中消散速度较慢，后期消散速率也较慢。

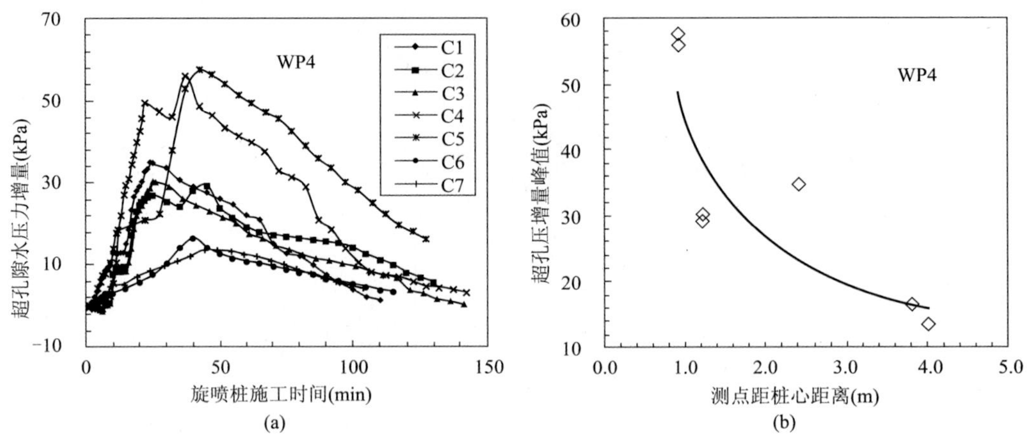

图 8-9　Ⅰ测段高压旋喷桩施工超孔压变化规律

由于旋喷桩注浆压力大，导致施工中发现大量冒浆现象，在地面处形成厚厚的砂浆层，如若在离既有铁路较近处施工，势必造成既有线路基抬高、偏移等，如图 8-10 所示，从图中可以看出，施工期既有铁路表现为隆起，隆起量最大约为 7 mm，这说明打桩对既有线产生了挤压作用，影响既有铁路运营，所以在既有铁路旁边处理地基时，应充分考虑施工的影响，合理选择适当的地基处理方式。

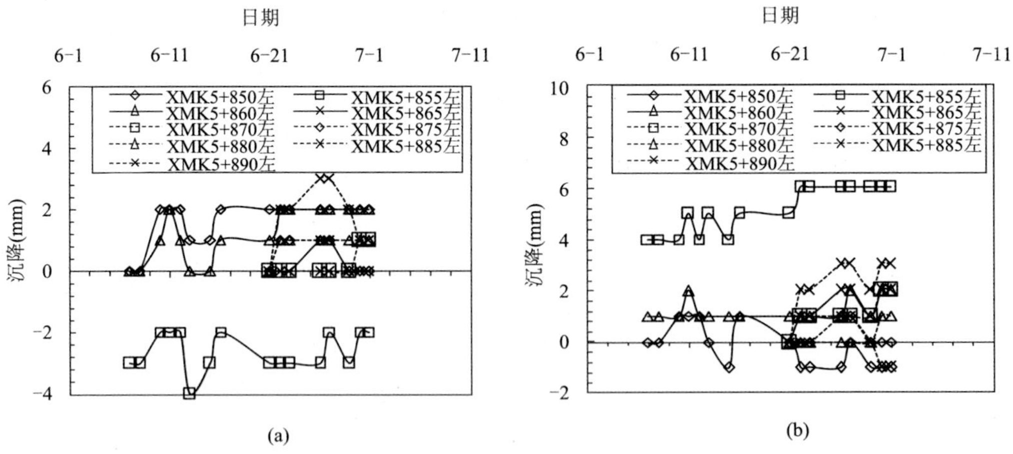

图 8-10　Ⅰ测段地基处理施工期既有铁路沉降

8.2.3　Ⅱ测段试验结果

Ⅱ测段位于 XMK4＋080～XMK4＋100，采用水泥搅拌桩加固地基方式。

图 8-11～图 8-13 中看出，水泥搅拌桩单桩施工过程中水土压力随时间变化曲线均跟 MMP 桩类似，离桩身越近，影响越大，但水泥搅拌桩影响较 MMP 桩小很多，最大侧向土压力增量为 15 kPa，最大超孔压为 20 kPa，其相对侧向位移最大为 13 mm，侧向土压力较超孔压消散速度慢，超孔压消散非常迅速，至打桩结束后，孔压残留值大概为峰值的 10％至 20％之间。综上可知，水泥搅拌桩施工过程中，既有铁路所受扰动影响较小。

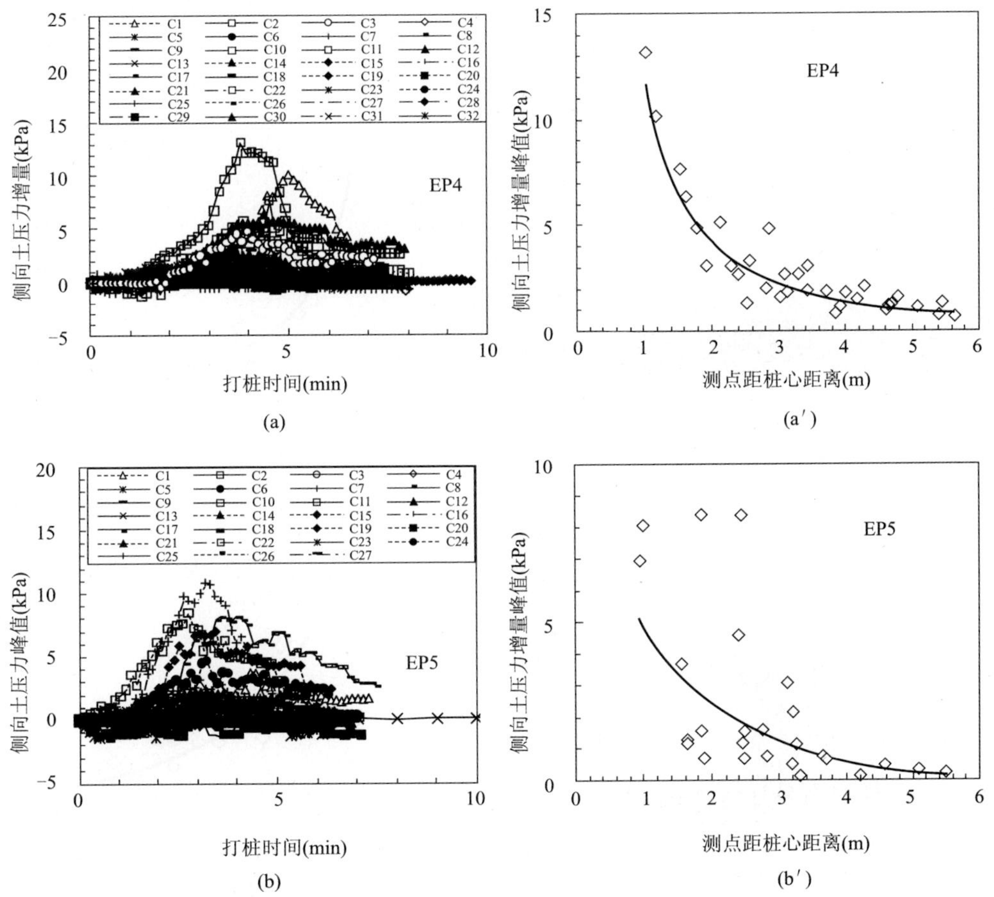

图 8-11　Ⅱ测段水泥搅拌桩施工侧向土压力变化规律

超孔隙水压力增量（kPa）
打桩时间 (min)
WP7
WP8
WP9
C1 C2 C3 C4 C5 C6 C7 C8 C9 C10 C11 C12 C13 C14 C15 C16 C17 C18 C19 C20 C21 C22 C23 C24 C25 C26 C27 C28 C29 C30 C31 C32 C33
超孔压增量峰值（kPa）
测点距桩心距离（m）
(a)　(a′)

(b)　(b′)

(c)　(c′)

图　8-12

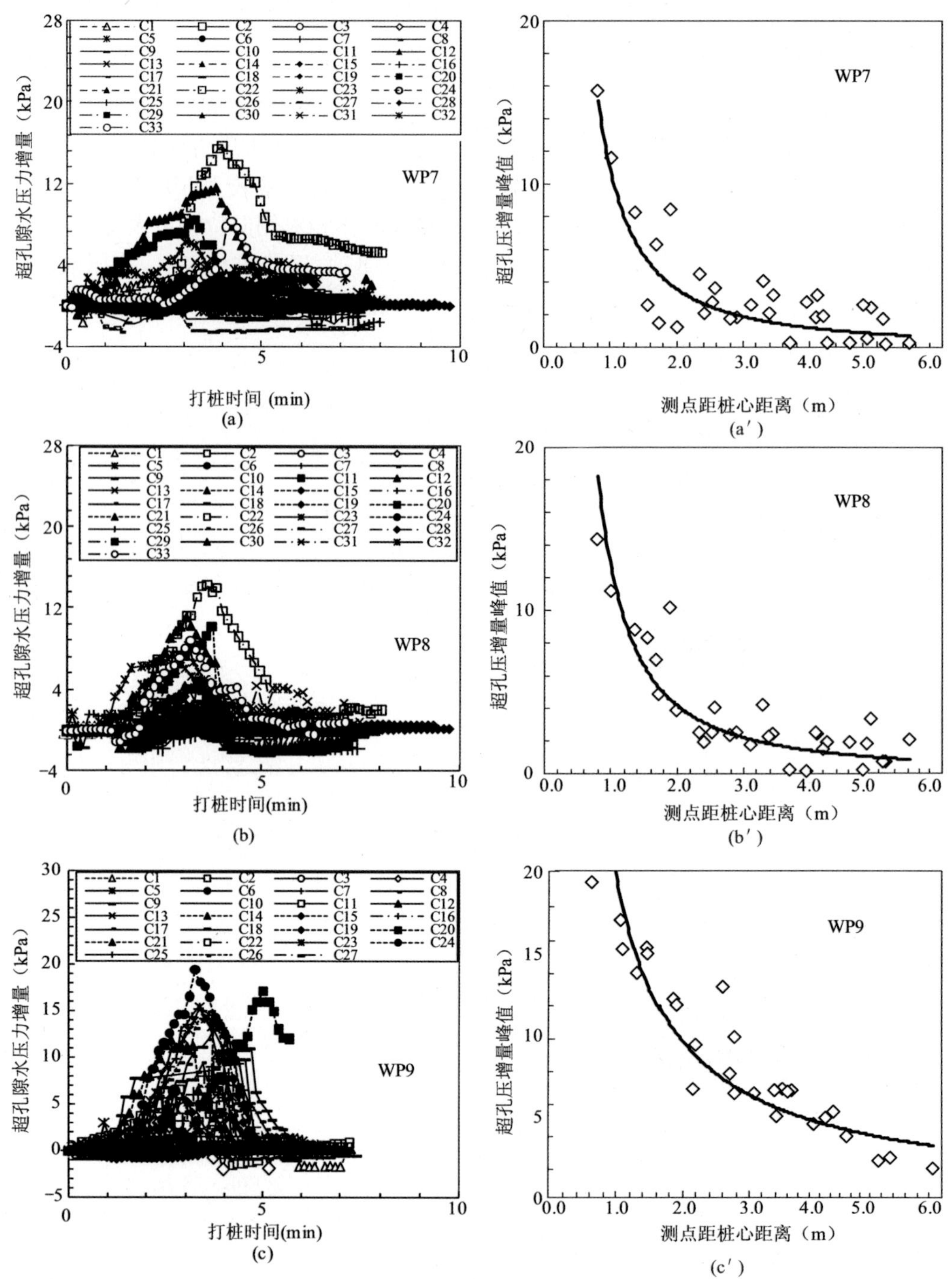

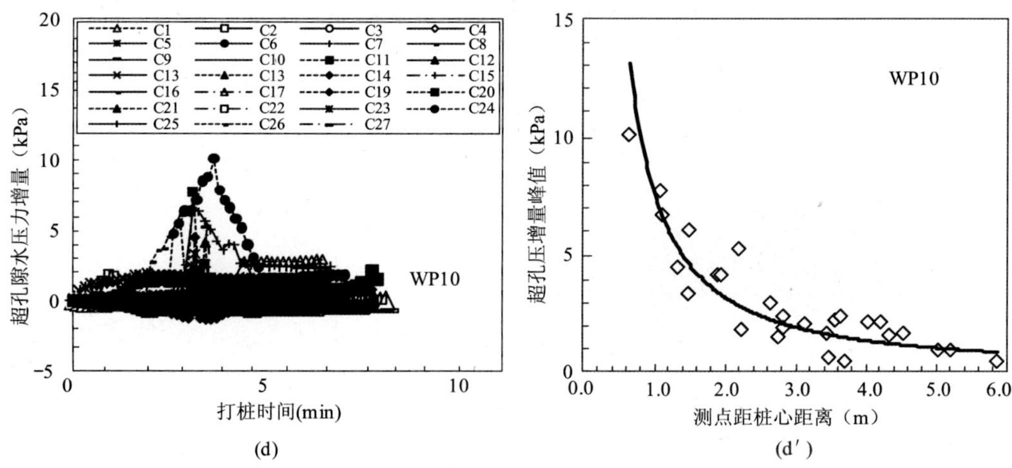

(d)　　(d′)

图 8-12　Ⅱ测段水泥搅拌桩施工超孔压变化规律

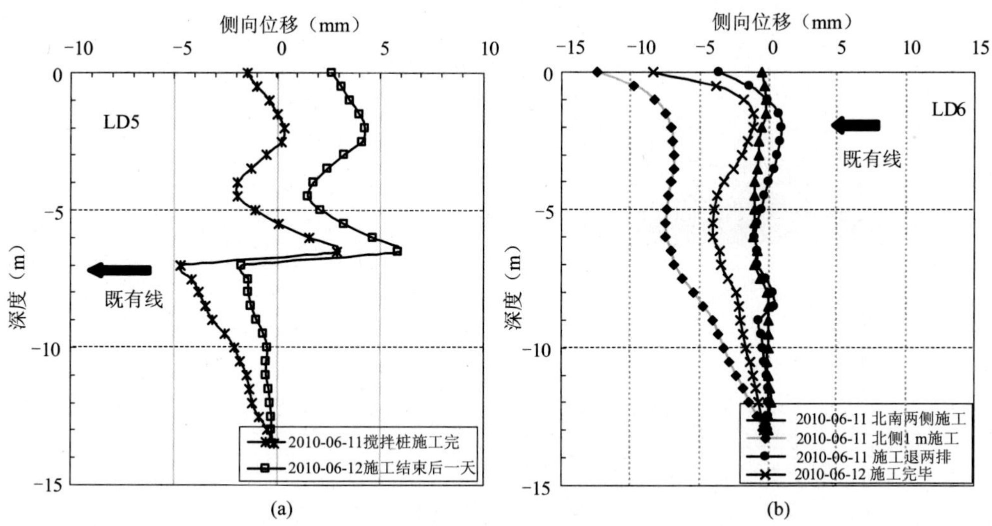

(a)　　(b)

图 8-13　Ⅱ测段水泥搅拌桩施工相对侧向位移变化规律

8.2.4　Ⅲ测段测试结果

Ⅲ测段位于 K11＋150～K11＋200 之间，该测段采用 MMP 桩加固地基。

图 8-14 为桩周土超孔压和土压力变化情况，施工过程中，超孔压变化随着深度不同呈现不同规律，桩底土超孔压增量变化剧烈，有明显的峰值，且消散迅速，桩间土超孔压增量变化相对平缓，消散比较慢，单桩施工中超孔压增量最大值达到 30 kPa，至施工结束累计残余超孔压 5 m 处为 37 kPa，10 m 处为 52 kPa，14 m 处为 48 kPa。

超孔隙水压力增量(kPa)
打桩时间(min)
WP11
超孔压增量峰值(kPa)
测点距桩心距离(m)
(a)
(a′)
WP12
(b)
(b′)
WP13
(c)
(c′)

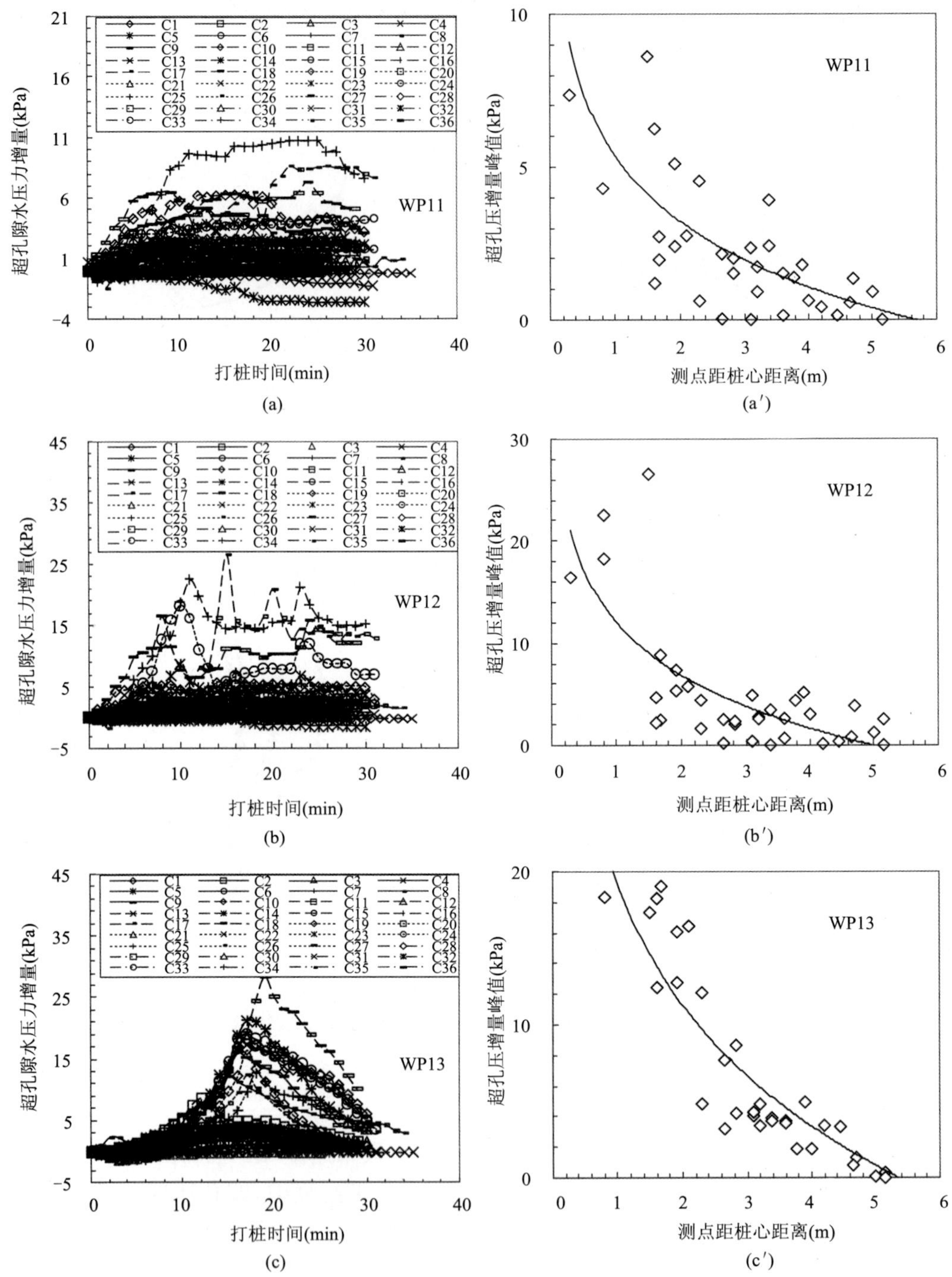

图　8-14

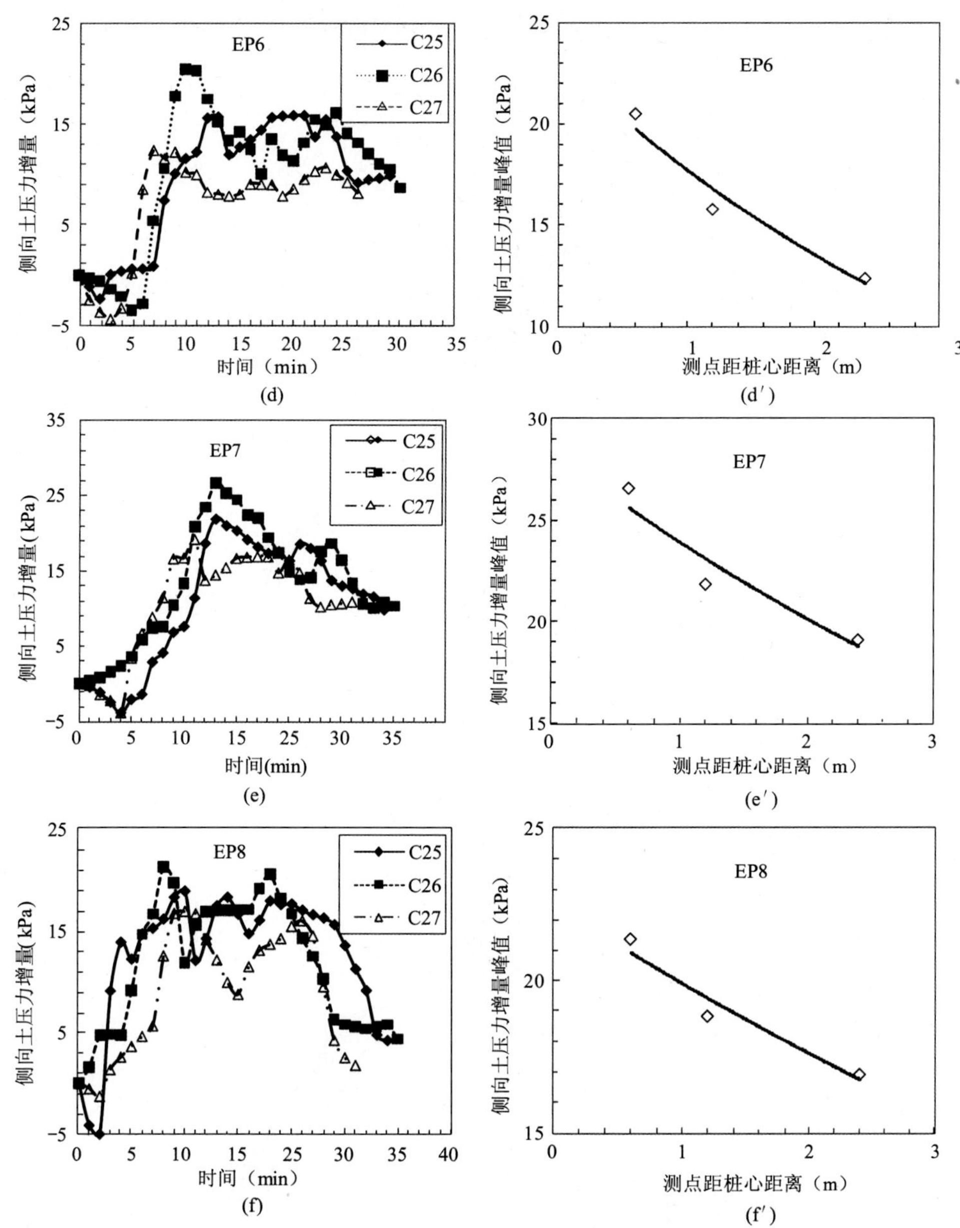

图 8-14　Ⅲ测段 MMP 桩区侧向土压力和超孔压变化情况

图 8-15 表示测段侧向位移的变化情况。施工结束后，既有铁路一侧的最大侧向位移为 30 mm，新建线一侧的侧向位移为 60 mm。图 8-16 是在新线 MMP 桩地基处理施工时，对既有铁路进行的沉降位移监测图，从图中可以看出，新线地基 MMP 桩

施工时，既有线地表侧向位移最大达到 40 mm，MMP 桩施工过程中，既有线最大沉降约 25 mm。

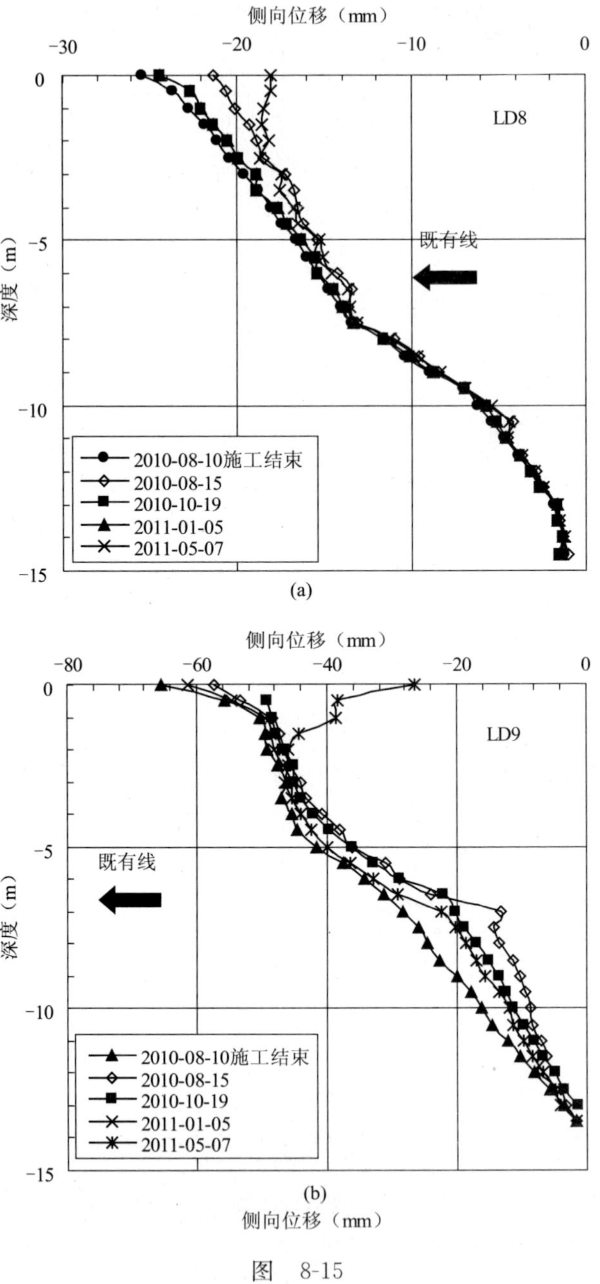

图 8-15

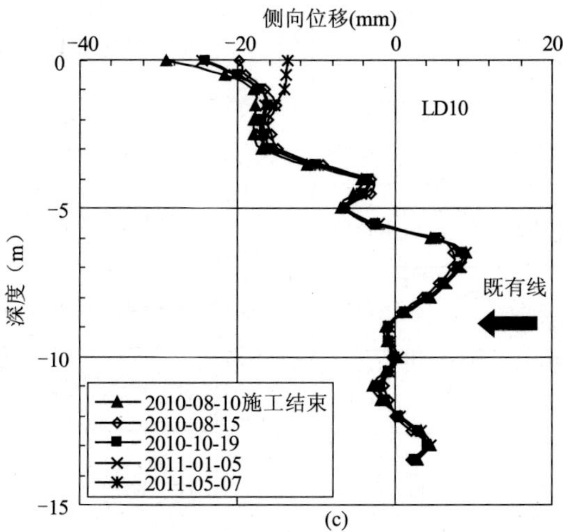

(c)

图 8-15 Ⅲ测段 MMP 桩区侧向位移变化情况

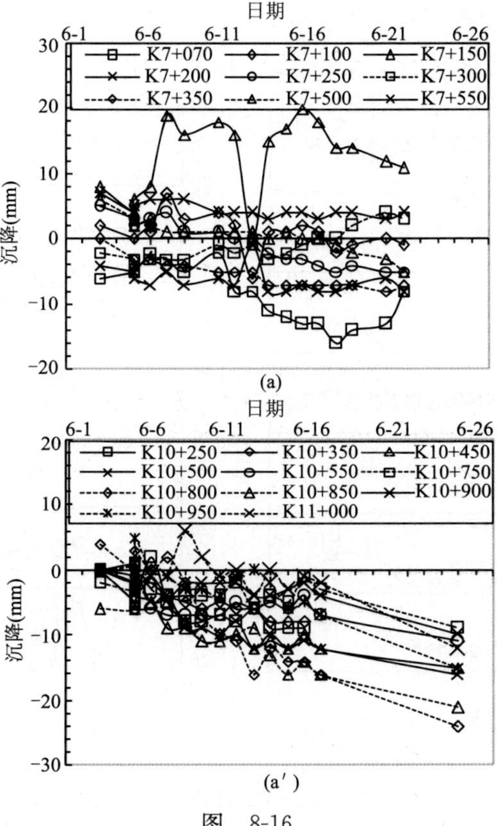

图 8-16

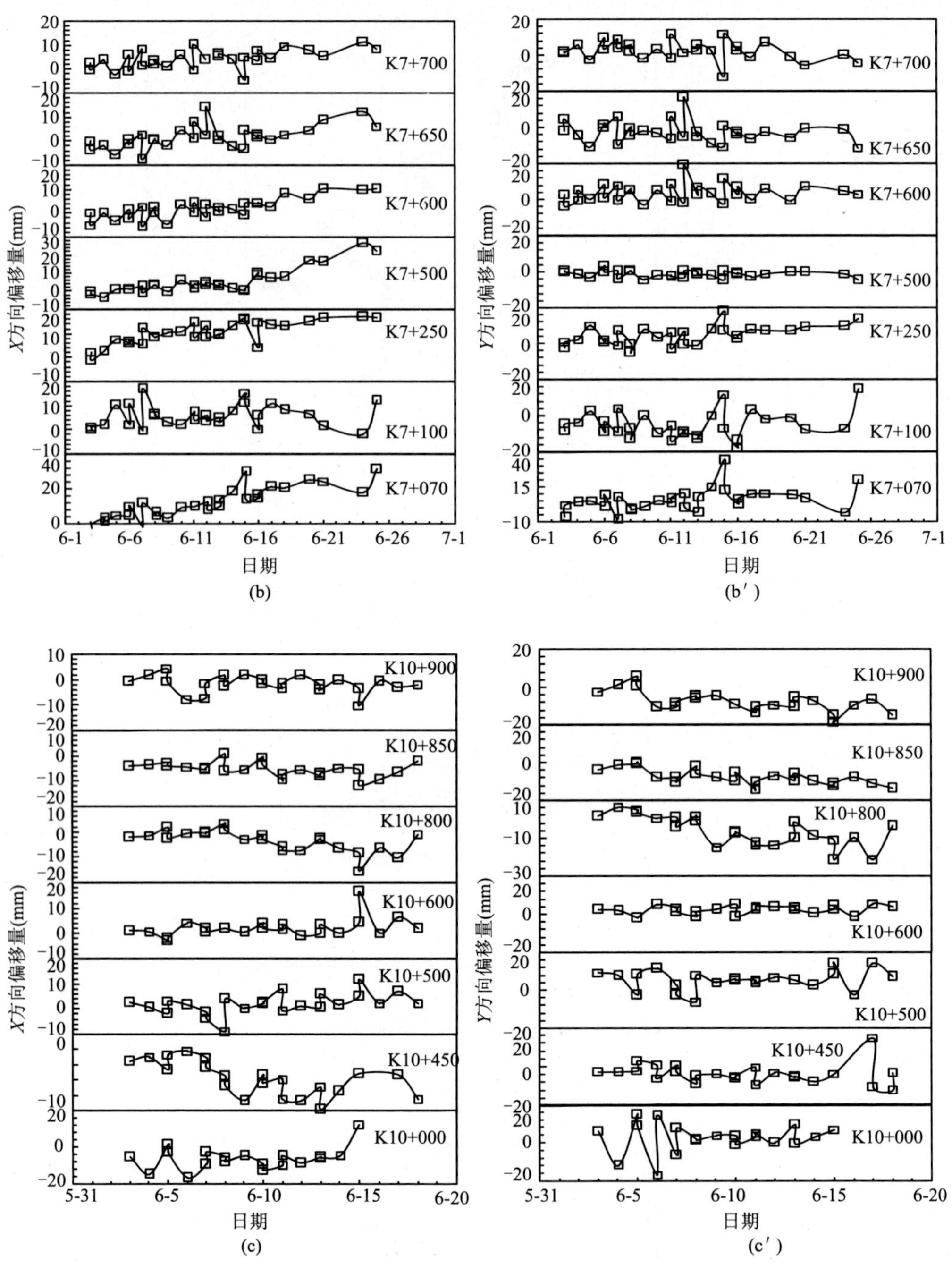

图 8-16 Ⅲ测段既有线打桩期位移沉降变化

8.3 软基处理施工影响比较

8.3.1 超孔压对比

从图 8-17 中可以看出，高压旋喷桩产生的超孔压最大，其次是 MMP 桩，最小的是水泥搅拌桩，超孔压增量均随距桩心距离的增大而减小，影响范围大约为 5 m(10 倍桩径)范围内，桩间土和桩底土的情况一致。

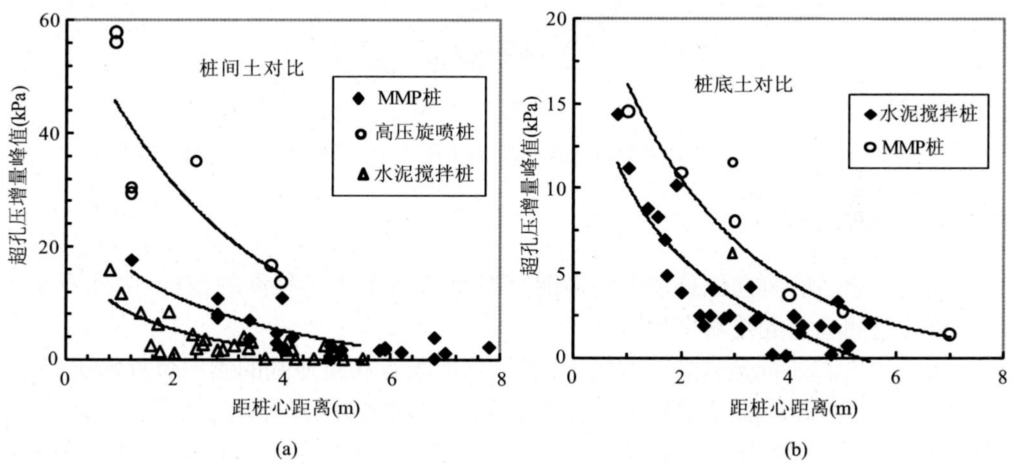

图 8-17 不同地基处理桩周土超孔压峰值随距桩距离变化

水泥搅拌桩条件下产生的超孔压趋势线与 MMP 条件下是平行的，这是因为水泥搅拌桩和 MMP 桩的工作机理基本一致，均是钻头旋转破碎土体，钻杆挤压土体，随后水泥浆注入土体孔隙中，经一系列水化反应，形成特殊的水泥土混合物—桩。其区别在于由于 MMP 钻头上的破碎齿比水泥搅拌桩多一对，并且由于旋转方向是多向，很好地解决了冒浆现象，使更多的浆液注入土体，因此对土体破碎效果更好，对周围土体扰动更大。

8.3.2 侧向土压力对比

对比水泥搅拌桩和 MMP 桩施工过程可知，MMP 桩施工中，侧向土压力增量峰值要较水泥搅拌桩大，同等距桩距离下，前者是后者的 2 倍。同超孔压增量一样，侧向土压力增量也随着距桩距离的增大而减小，影响范围大约为 5 m(10 倍桩径)范围内出现大值，如图 8-18 所示。

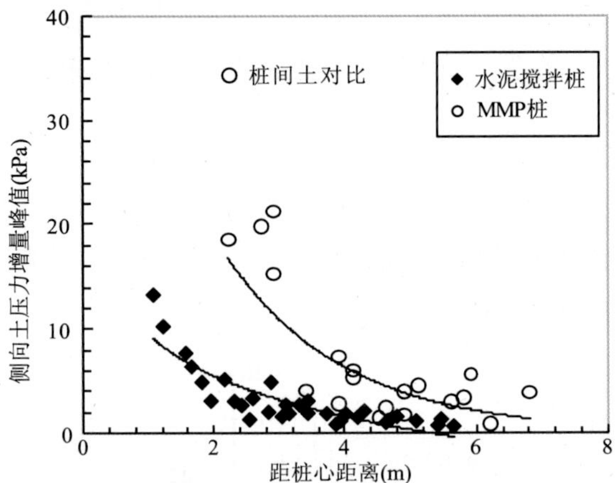

图 8-18　不同地基处理桩周土侧向土压力峰值随距桩距离变化

8.3.3　测斜对比

地基处理后的侧向位移情况是最能直接反应施工扰动程度的指标，因此对于侧向位移的监测应引起足够多的重视。

图 8-19 是经不同地基处理方式处理后，靠近既有铁路地基的侧向位移情况，从图中可知，采用 MMP 与高压旋喷桩混合处理后的土体侧向位移最大达到了 90 mm，大致位于地面处，采用 MMP 桩处理的土体，其最大侧向位移约为 30 mm，而采用水泥搅拌桩处理的土体，其侧向位移很小，说明所受的扰动非常小。MMP 桩与高压旋喷桩施工时，附近的扰动作用明显，特别是地表处的土体，必要时需采取措施以减小影响。

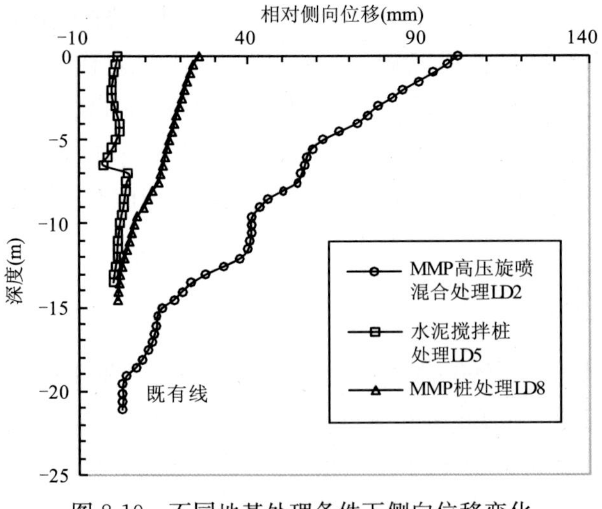

图 8-19　不同地基处理条件下侧向位移变化

8.3.4 地基处理施工影响比较

线路上部荷载最终将传递到地基上，若地基土强度很低，压缩性大，则造成沉降过大，不利于列车运营安全，因此采用地基处理的目的就是增大地基土承载力和减小沉降。评价一种地基处理方式，最终归结到沉降的大小，图 8-20 是采用不同地基处理方式增建新线路基填筑期沉降对比图，可以看出采用 MMP 桩与旋喷桩混合处理，其最大沉降约为 20 mm；采用 MMP 桩处理，最大沉降为 25 mm；采用水泥搅拌桩处理，其最大沉降约为 30 mm。综上，我们认为采用旋喷桩的处理效果最好，但旋喷桩施工影响大；采用搅拌桩具有很好的效果，但搅拌桩施工影响小。因此，在满足路基沉降要求的前提下，建议采用搅拌桩。

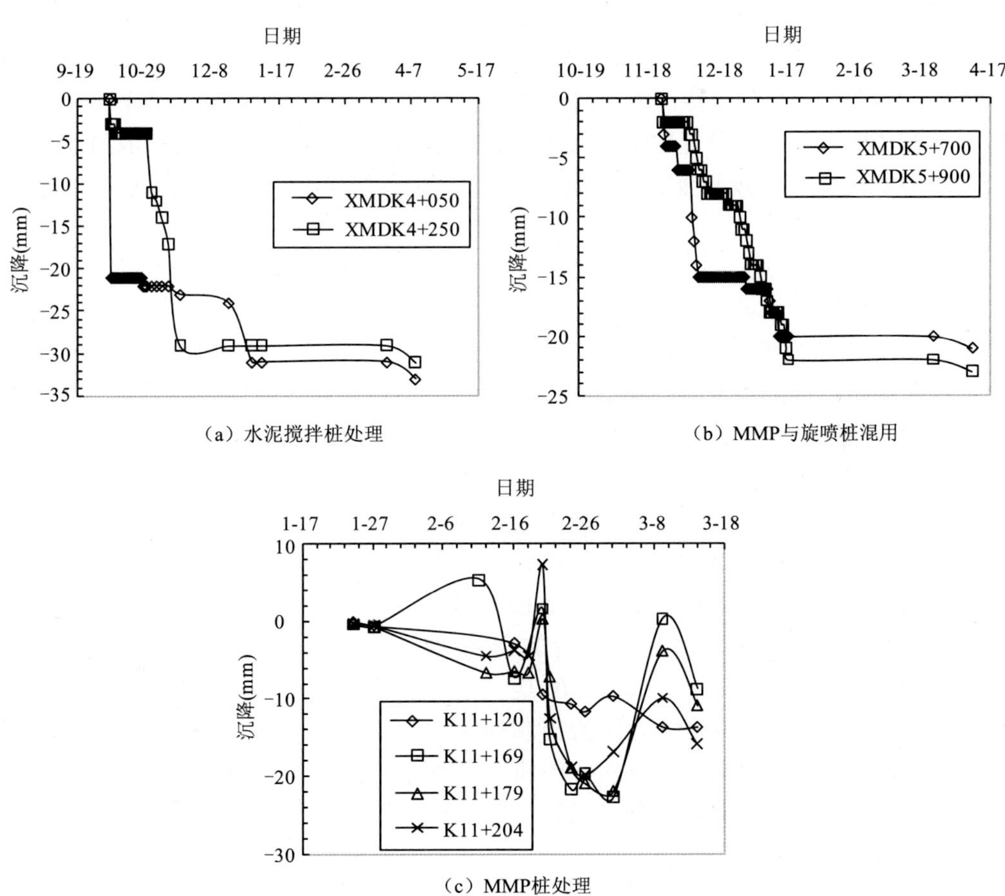

图 8-20 不同地基处理方法引起的沉降

8.4 MMP 桩湿喷法施工影响分析

近年来我国铁路多次进行了大面积提速，提速后的列车对地基产生新的沉降，导致一些既有铁路路段地基不满足强度和变形要求，需要进行地基处理。地基加固方法很多，水泥土搅拌桩是一种常用的软弱地基处理方法（龚晓南，2002），水泥搅拌桩成桩质量较难保证，处理深度偏小；MMP(Multi-direction tridimensional bidirectional mixing pile，简称 MMP)桩是指在施工过程中，钻杆上的两组搅拌叶片同时正、反向旋转搅拌水泥土成桩，正反叶片切碎土体、喷浆搅拌过程中，对桩周土体产生扰动，可能会对既有线产生较大影响，因此需要研究 MMP 桩施工过程引起的桩周土体扰动。为了能够准确反映成桩过程及成桩后黏性土体中的孔隙水压力产生以及消散与土骨架变形的相互关系并且考虑土的三维变形特性，采用 Biot 固结理论，并考虑三维变形特性的修正剑桥模型，通过软件 ABAQUS 建立有限元模型对 MMP 桩成桩过程进行数值模拟，将计算得到的超孔隙水压产生消散过程和侧向土压力变化情况与现场实测结果进行对比，预测 MMP 桩施工引起地基的附加沉降。

8.4.1 基本理论

1. 修正剑桥模型

修正剑桥模型的主要特点是，在弹性变形部分，可采用线弹性体或是多孔弹性体（土体弹性模量随压缩而增长），塑性变形采用帽子的屈服面和相关联的流动法则，硬化定律允许屈服面扩大。

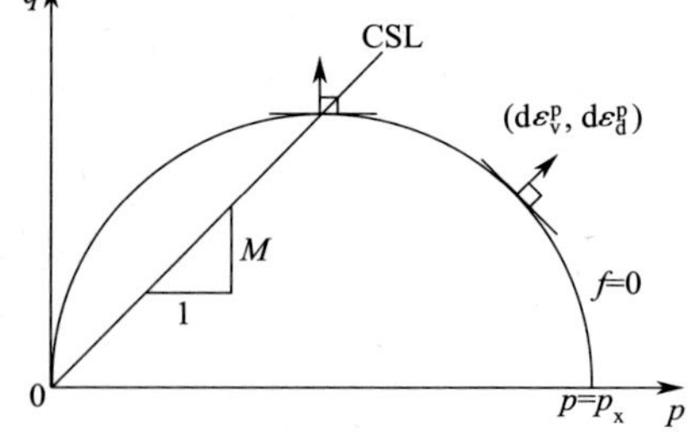

图 8-21　修正剑桥模型在 p-q 平面上的屈服面形状

修正剑桥模型在平均主应力 p 和等效偏应力 q 平面（p-q 平面）上屈服面形状如图 8-21 所示，其中 M 是临界状态线在 p-q 平面上投影直线的斜率。修正剑桥模型在（平面上的形状如图 8-22所示的圆 a，即 $K=1$。其中 K 是三轴拉伸和三轴压缩的屈服应力之比，该值控制屈服面在 π 平面上的形状。软件 ABAQUS 中将 π 平面上的屈服线设置成非圆形，即图 8-22 中曲线 b。K 值取为 0.8。

修正剑桥模型屈服面为：

$$\frac{M^2p^2}{q^2+M^2p^2}=\frac{p}{p_x} \tag{8-1}$$

式中 p_x——硬化参数，即当前椭圆屈服轨迹与 p 轴的交点。

当土体发生屈服硬化时，塑性流动由相关流动法则确定。

2. 打桩过程数值模拟方法

静压桩的数值模拟方法是采用圆孔扩张理论(Vesic，1972)，将沉桩过程看成圆孔扩张过程，由于 MMP 桩是切碎土体并向土体中注入水泥浆搅拌成桩，因此在 ABAQUS 中也可以将 MMP 桩成桩过程看成扩孔的过程，如图 8-23 所示。孔半径的增大量 Δr 根据扩孔产生的体积变化量与注入的水泥浆体积相等的原则来计算。

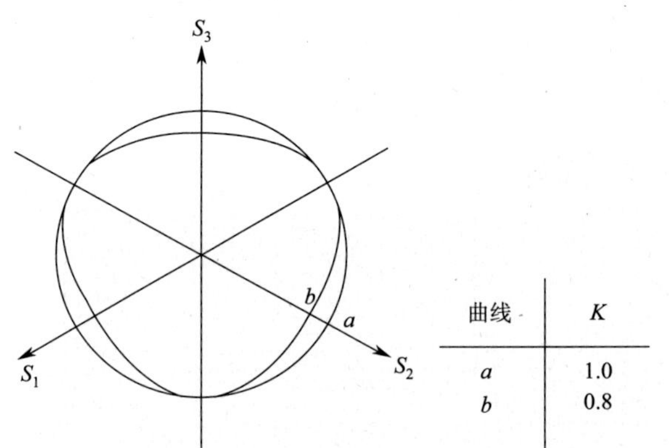

图 8-22 修正剑桥模型屈服面在 π 平面上的形状

图 8-23 MMP 桩成桩过程的模拟方法

8.4.2 MMP 桩施工模拟

1. 计算简图

软土地区铁路提速需要增加路基的稳定性，并减少下沉，因此在既有铁路旁采用 MMP 桩进行地基加固，进行现场实测试验。既有铁路路堤的上表面宽 8 m，下表面宽 17 m，高 3.5 m。MMP 桩直径 $D=0.5$ m，桩长 $L=18$ m，在路堤坡脚旁打入，桩心离坡脚 0.75 m。

图 8-24 和图 8-25 分别是现场断面的计算简图和模型网格划分图。地基土体水平和竖向计算区域分别为 60 m 和 24 m，根据上海软土典型分层情况，将计算土体分成 5 层，每层土性有一定差别，故其计算参数不同。为了建模方便，将土层①和②合并为一层，并取土层②的计算参数。地基土体上表面为自由边界，下表面竖向固定，左侧和右侧水平方向固定，扩孔通过改变孔内壁位移边界来实现。

2. 计算参数

(1)路堤计算参数

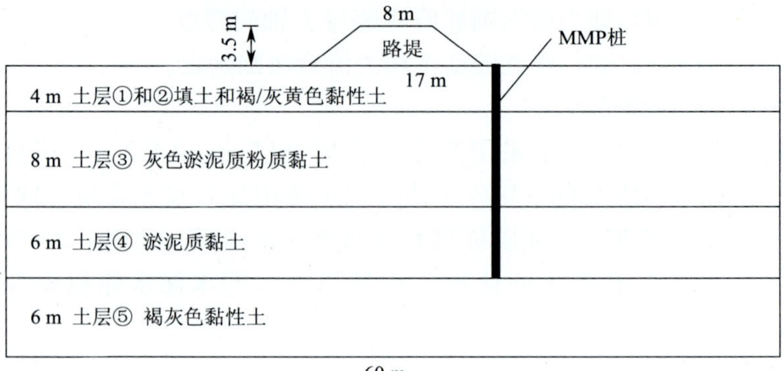

图 8-24 计算简图

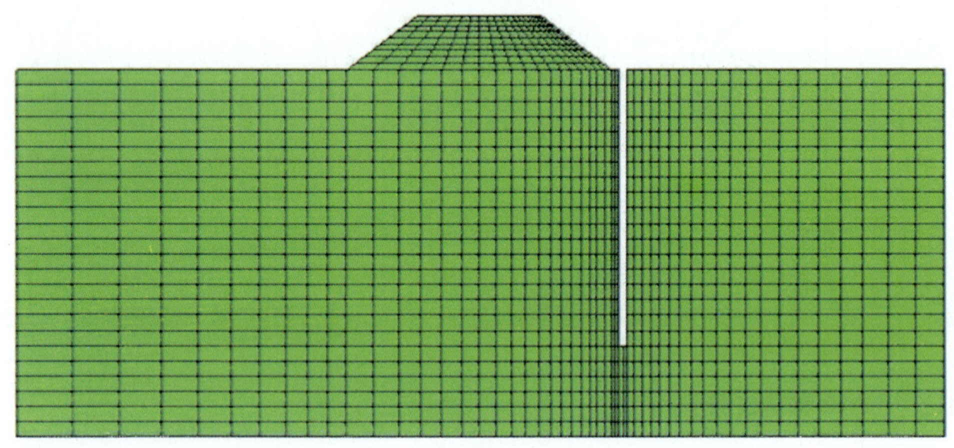

图 8-25 计算模型网格划分

路堤结构包括厚度为 0.6 m 的基床表层、厚度为 0.9 m 的基床底层和厚度为 2.0 m 的路堤本体。假定路堤为弹性材料,计算参数如表 8-3 所示。

表 8-3 路堤计算参数

结构名称	层厚(m)	弹性模量(MPa)	泊松比
基床表层	0.6	150	0.25
基床底层	0.9	110	0.25
路堤本体	2.0	50	0.35

(2)地基土的修正剑桥模型参数

地基土的本构模型采用修正剑桥模型,计算参数如表 8-4 所示。其中模型参数是根据试验结果、上海地区长期的工程经验数据及相关规范而确定的(徐中华,2007)。假定地下水位在地基土表面,由于实际施工现场地基有水平细砂或粉砂夹层,渗透路径比较多,渗透比较快,因此取渗透系数 $k=2.5\times10^{-7}$ m/s,比实验室测得渗透系大。

表 8-4　剑桥模型参数

土层号	厚度(m)	$\gamma(\mathrm{kN/m^3})$	e_0	ν	γ	κ	M
①、②	4	18.85	0.94	0.30	0.117 7	0.009 8	1.24
③	8	17.85	1.18	0.35	0.100 5	0.008 4	1.38
④	6	17.15	1.43	0.40	0.158 7	0.013 2	0.69
⑤	6	18.25	1.03	0.35	0.108 1	0.009	1.29

(3)扩孔位移量的确定

MMP 桩施工采用湿喷法,每延米水泥喷量约为 50 kg,水灰比 $W/C=0.5$,水泥比重是 3.1。在软件 ABAQUS 中建立模型,桩的初始半径设置为 $r=0.25$ m,成桩过程的模拟是通过位移边界的设置来实现。由于 MMP 桩施工过程是搅拌机先切土下沉,再上提喷浆成桩,因此数值模拟也分为从上至下分步扩孔,再由下至上分步扩孔两个过程。扩孔总位移量 Δr 则是根据注入的水泥浆量与扩孔产生的体积量相等的原则来确定,如图 8-26 所示。每延米增加的体积为:

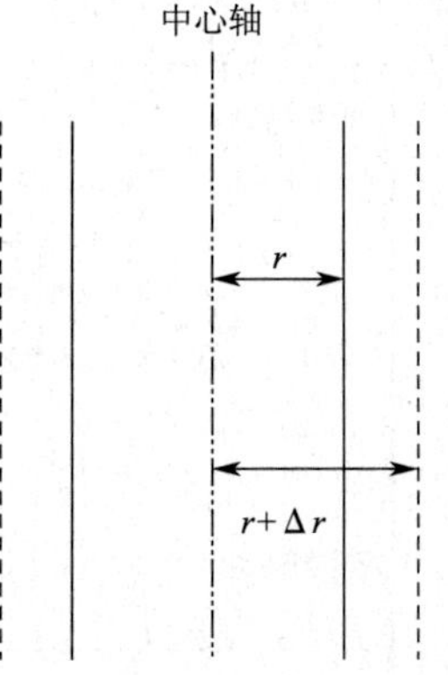

图 8-26　注浆扩孔示意图

$$\Delta V=\frac{m_c}{\rho_w G_s}+\frac{m_w}{\rho_w}=2\pi r\Delta r \tag{8-2}$$

式中　m_c,m_w——每延米注入土体的水泥浆中水泥的质量和水的质量;

G_s——水泥的比重;

ρ_w——水的密度。

由水灰比 $W/C=0.5$ 得 $m_w=0.5m_c=25$ kg,$G_s=3.1$,$\rho_w=10^3$ kg/m³,$r=0.25$ m,将以上已知量代入式(8-2),可得扩孔位移 $\Delta r\approx0.026$ m。

8.4.3　计算结果

1. 超孔隙水压变化

在施工现场,孔压计埋设点深度分别是 10 m 和 18 m,在 10 m 深处离桩心1.2 m

和 2.8 m 处埋设两只孔压计，在 18 m 深处离桩心 3 m 和 7 m 处也埋设两只孔压计。图 8-27 和图 8-28 分别是成桩时深度 10 m 处两个测点和 18 m 处两个测点的超孔压的计算结果与实测结果的比较。

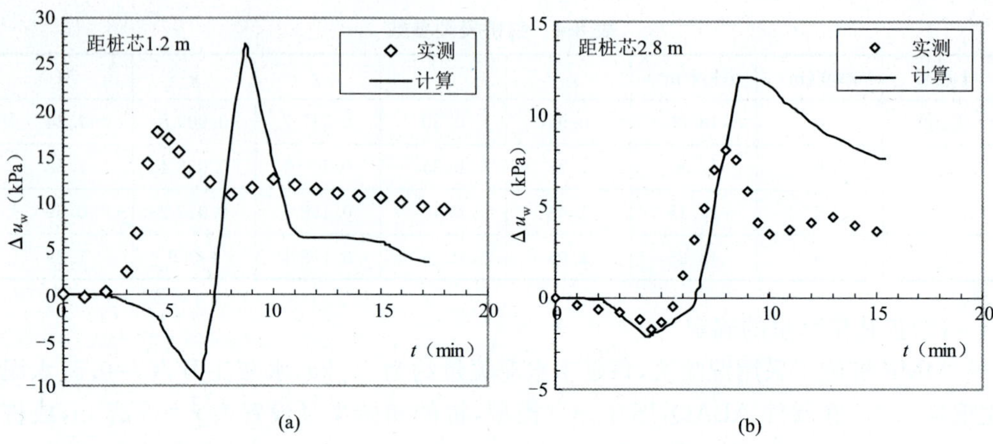

图 8-27　10 m 深处的超孔压计算值与实测值的比较

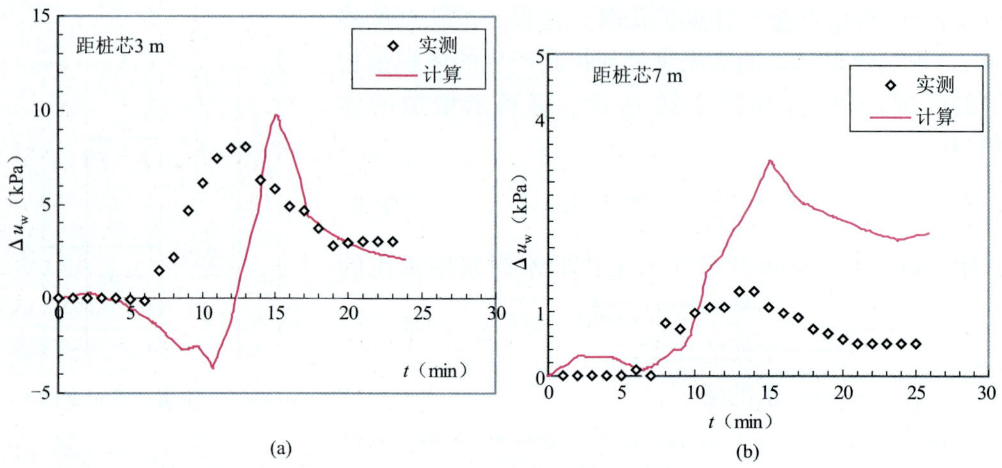

图 8-28　18 m 深处超孔压的计算值与实测值的比较值

从图 8-27 和图 8-28 可以看出，数值模拟计算出的超孔压变化趋势与现场实测结果具有可比性。成桩方向趋向测试点时，超孔压增大，当与测点相距很近时，该点超孔压骤然上升并达到最大，搅拌桩头离开测点时超孔压下降。可以看到 10 m深处的超孔压有两个峰值，这是由于搅拌机下沉和上提时两次经过 10 m 深处的缘故。

图 8-26 中 18 m 深处两个测点只测到一次超孔压峰值，这是因为桩长是 18 m，成桩过程中只有一次桩头最接近该两测点，数值模拟结果也只有一次峰值。另外，数值模拟中达到峰值的时间与现场实测的不完全一致，这是由于模拟成桩速率与现场成桩速率有差异的缘故。数值计算的超孔压峰值比现场的要大，这可能是由于施工现场排水路径比较多，并且成桩过程中会形成新的排水路径，实测的超孔压消散比数值模拟的要快，导致实测值较小。

2. 侧向土压力变化

图 8-29 是土体深度为 10 m、离桩心 2.8 m 处和深 18 m 离桩心 7 m 处成桩时实测的侧向土压力变化和对应的数值模拟结果。从图 8-29 中可以看出，数值模拟的侧向土压力增量变化趋势与现场实测结果基本一致，成桩过程中搅拌桩头经过测试点附近时达到峰值。由于现场施工情况与数值模拟情况的差异和超孔隙水压的影响，模拟计算结果中的侧向土压力峰值和现场实测不同。

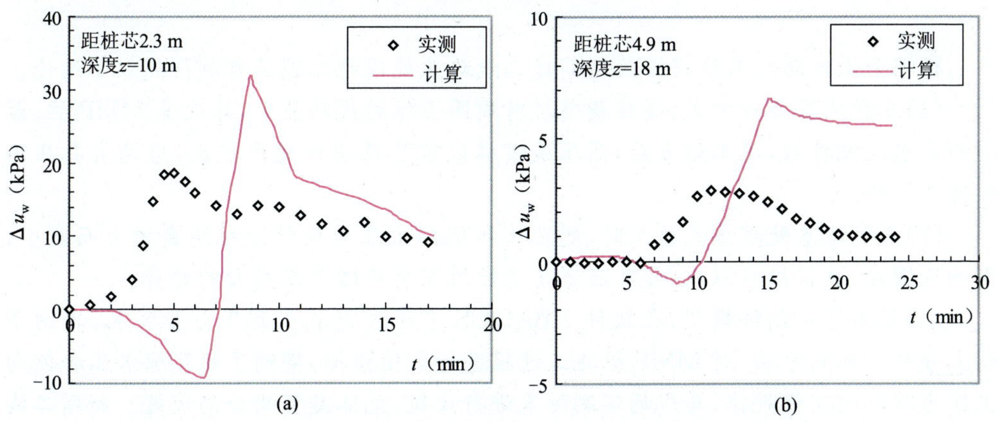

图 8-29 MMP 成桩过程中现场实测侧向土压力变化和数值模拟结果

3. 竖向位移分布

由于受现场条件限制，现场没有进行单桩施工时的沉降测量，图 8-30 是数值模拟计算得到的单桩施工刚结束（t=26 min）和成桩后固结 100 d 时不同深度的竖向位移分布。从图中可以看出，地基表面（z=0）沉降曲线出现 2 个突变，离桩心0. 75 m 和 17. 75 m 处分别是路堤的两个坡脚，由于路堤的作用，靠近坡脚的位移突变量较大。靠近桩身地表在成桩刚结束时隆起，在长时间固结后沉降。施工刚结束时，靠近桩体的浅层土体有沉降，深层土体隆起。长时间固结后，桩附近 7～8 m 范围内为沉降。

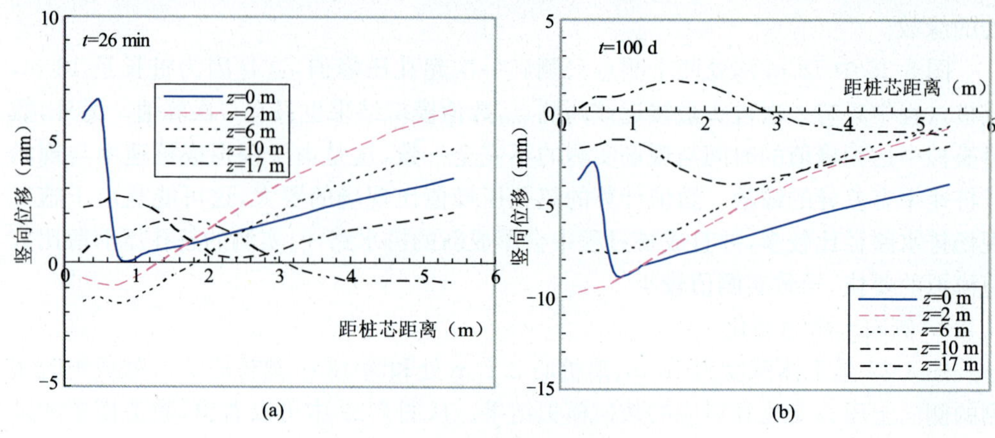

图 8-30　不同深度竖向位移分布

8.5 小　　结

根据金山铁路既有线提速改造新建二线路基处理施工现场监测得到以下结论。

(1)三种地基处理方式，高压旋喷桩对周围土体的扰动最大，其次是 MMP 桩，最小的是水泥搅拌桩，施工结束后，高压旋喷桩残留孔压消散速率较慢，后两者孔压消散速率较快。

(2)三种地基处理方式施工时，超孔压和侧向土压力均随距桩距离增大而减小，影响范围在 10 倍桩径以内，超孔压还呈现出随深度的增大而增大的趋势。

(3)采用修正剑桥模型，在软件 ABAQUS 中通过先从上到下分步扩孔，再由下到上分步扩孔的方法，对 MMP 桩施工过程进行数值模拟，得到了超孔隙水压和侧向土压力随时间变化规律，与现场实测结果进行比较，总体趋势吻合的较好。新增二线软基处理施工对既有线有一定的影响，产生 5～10 mm 的沉降。

9　既有线抬道合理高度

提速改造工程中，抬道方法可使既有基床面落低，使上部传来的提速荷载进一步扩散，增加原强度不足的基床面的适应性，减少基床变形。抬道施工简单便捷，但抬道量受路线纵断面设计的制约。

9.1　抬道合理高度

9.1.1　计算原理

如图 9-1 所示，当抬道前后列车动荷载在地基中计算深度 H 内产生的附加应力之差等于抬道土体在地基中产生的附加应力时，此时抬道高度 Δh 可定义为合理高度。当抬道高度大于合理高度时，工后沉降主要由抬道引起的附加应力产生；当抬道高度小于合理高度时，工后沉降主要由提速后列车动荷载产生。这里定义的合理抬道高度仅仅考虑抬道高度的自重应力与提速列车动荷载增量相等，提速没有引起路基产生附加沉降，不是根据路基稳定性确定的临界抬道高度。

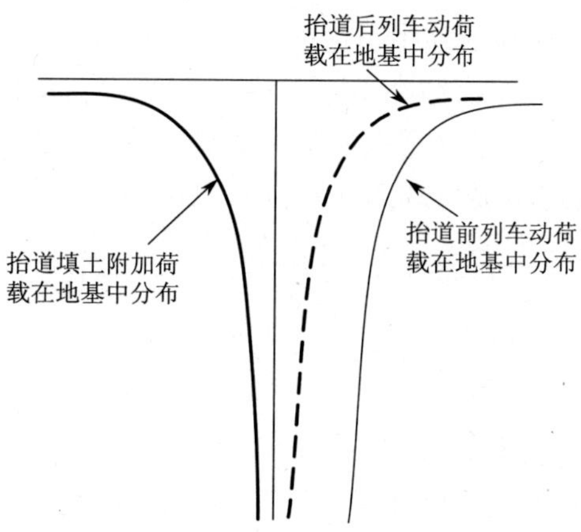

图 9-1　有效高度计算原理图

首先计算抬道土体在地基中引起的总附加荷载。对竖直线布荷载下的弗拉曼解沿宽度 B 方向积分可得条形荷载在地基中任意点的附加应力表达式：

$$\sigma_1=\frac{P}{\pi}\left[\arctan\frac{m}{n}-\arctan\frac{m-1}{n}+\frac{mn}{m^2+n^2}-\frac{n(m-1)}{n^2+(m-1)^2}\right] \tag{9-1}$$

式中 P——$P=\gamma\Delta h$；

m——$m=x/B$；

n——$n=z/B$；

γ——填筑土容重；

Δh——抬道高度；

B——原路堤顶端宽。

对式(9-1)在计算深度范围[0,H]内积分得到：

$$\begin{aligned}\sigma_1&=\frac{\gamma\Delta h}{\pi}\left[z\arctan\frac{x}{z}+2x\ln\sqrt{z^2+x^2}-z\arctan\left(\frac{x-B}{z}\right)-2(x-B)\ln\sqrt{(x-B)^2+z^2}\right]\Bigg|_0^H\\&=\frac{\gamma\Delta hB}{\pi}\left[D\arctan\frac{m}{D}+2m\ln\sqrt{\frac{D^2}{m^2}+1}-D\arctan\left(\frac{m-1}{D}\right)-2(m-1)\ln\sqrt{1+\frac{D^2}{(m-1)^2}}\right]\end{aligned} \tag{9-2}$$

取 $x=B/2$，即取路基中心处作为计算点，式(9-2)可转化为：

$$\sigma_{中心}=\frac{2\gamma\Delta hB}{\pi}\left[D\arctan\frac{1}{2D}+\ln\left(\sqrt{4D^2+1}\right)\right] \tag{9-3}$$

式中 D——$D=H/B$；

H——影响深度，根据式(9-4)确定。

$$\frac{2\sigma_d}{\pi}\left[\arctan\frac{B}{2(h_e+H)}+\frac{2B(h_e+H)}{B^2+4(h_e+H)^2}\right]=0.02\gamma_s H \tag{9-4}$$

式(9-3)即为抬道荷载在地基中引起的总荷载增量。

其次，计算抬道之后列车荷载在地基中引起的响应荷载的减少量。车轮动荷载通过道床传递到路基表面也可以简化为条形荷载，荷载中心处竖向应力沿深度分布规律也可以参照前面所述路堤荷载的计算方法表达为：

$$\sigma_z=\frac{\sigma_d}{2\pi}\left[\arctan\frac{m'}{n'\sqrt{1+m'^2+n'^2}}+\frac{m'n'}{\sqrt{1+m'^2+n'^2}}\left(\frac{1}{m'^2+n'^2}+\frac{1}{1+n'^2}\right)\right] \tag{9-5}$$

式中 m'——$m'=x/B'$；

n'——$n'=z/B'$；

B'——轨枕宽度，一般取 0.275 m；

P_d——动荷载，$P_d=(1+0.4v/100)P$，P 为列车轴重，一般取 200 kN；

σ_d——作用在路堤表面的列车动应力，$\sigma_d=P_R/A$，$P_R=0.4P_d$；

A——单根枕木面积的一半(《铁道工程》，郝瀛，P182)。

由于路基模量 E_1 与地基模量 E_2 不同，根据 Odemark 模量与厚度当量假定，将路基层高度 h 和抬道高度 Δh 转化为与底层同模量的等效层厚。

$$h_e=\sqrt[3]{\frac{E_1}{E_2}}h,\Delta h_e=\sqrt[3]{\frac{E_1}{E_2}}\Delta h \tag{9-6}$$

式中　h——原路堤高度；

$\Delta h_e, h_e$——等效抬道高度和原路堤高度。

对 σ_z 在$[h_e, h_e+H]$区间积分可得未抬道时列车动荷载在地基计算范围内引起的附加应力；在$[\Delta h_e+h_e, \Delta h_e+h_e+H]$区间积分可得抬道后地基中的附件应力。抬道前后的附加应力差值为：

$$\int_{h_e}^{h_e+H}\sigma_2\,\mathrm{d}z-\int_{\Delta h_e+h_e}^{\Delta h_e+h_e+H}\sigma_2\,\mathrm{d}z \tag{9-7}$$

将式(9-5)代入式(9-7)，并取 $x=B/2$，即取动荷载中心处作为考虑点：

$$\sigma'_z=\frac{\sigma_d}{2\pi}\left\{2(h_e+\Delta h_e)\arctan\frac{B}{2(h_e+\Delta h_e)}-2h_e\arctan\frac{B}{2h_e}-2(h_e+\Delta h_e+H)\arctan\frac{B}{2(h_e+\Delta h_e+H)}\right.$$
$$\left.+2(h_e+H)\arctan\frac{B}{2(h_e+H)}+2B'\ln\sqrt{\frac{\left[(h_e+\Delta h_e)^2+\frac{B^2}{4}\right]\left[(h_e+H)^2+\frac{B^2}{4}\right]}{\left(h_e^2+\frac{B^2}{4}\right)\left[(\Delta h_e+h_e+H)^2+\frac{B^2}{4}\right]}}\right\} \tag{9-8}$$

根据有效高度的定义并结合式(9-6)和式(9-8)可得有效高度的计算方程式为：

$$\frac{\sigma_d}{2\pi}\left\{\begin{aligned}&2(h_e+\Delta h_e)\arctan\frac{B}{2(h_e+\Delta h_e)}-2h_e\arctan\frac{B}{2h_e}-2(h_e+\Delta h_e+H)\arctan\frac{B}{2(h_e+\Delta h_e+H)}\\&+2(h_e+H)\arctan\frac{B}{2(h_e+H)}+2B'\ln\sqrt{\frac{\left[(h_e+\Delta h_e)^2+\frac{B^2}{4}\right]\left[(h_e+H)^2+\frac{B^2}{4}\right]}{\left(h_e^2+\frac{B^2}{4}\right)\left[(\Delta h_e+h_e+H)^2+\frac{B^2}{4}\right]}}\end{aligned}\right\}$$
$$=\frac{2\gamma\Delta hB}{\pi}\left(D\arctan\frac{1}{2D}+\ln\sqrt{4D^2+1}\right) \tag{9-9}$$

9.1.2　计算参数

原路堤顶宽 B 取 3 m，列车动荷载简化为条形荷载，动荷载 $P_d=(1+0.4v/100)P$，P 为列车轴重，取 200 kN；作用在路堤表面的列车动应力 $\sigma_d=P_d/A$，A 取0.84 m^2；路堤容重 γ 取 20 kN/m^3，地基土容重 γ_s 取 17 kN/m^3；路堤模量 E_1 与地基土平均模量 E_2 比值分别取 0.25、0.5、1、1.5、2、3 和 4；原路堤高 h 分别取 2 m、4 m、6 m和 8 m；列车时速 v 分别取 80 km、120 km、160 km 和 200 km。

9.1.3　计算分析

如图 9-2 所示，原路堤高度 $h=2$ m 和 4 m时，Δh 随着$(E_1/E_2)^{1/3}$增大而增大，增大速率随着初始高度的增大而减小。原路堤高度 $h=6$ m时，Δh 随着$(E_1/E_2)^{1/3}$增大变化很小，基本保持常数。因为原路堤高度较高，对列车动荷载的扩散效应明显，随着$(E_1/E_2)^{1/3}$变化，抬道前后列车动荷载在地基中的附加应力差变化很小，因此随着$(E_1/E_2)^{1/3}$变化，Δh 的变化很小。原路堤高度 $h=8$ m 时，Δh 随着$(E_1/E_2)^{1/3}$增大而减小。

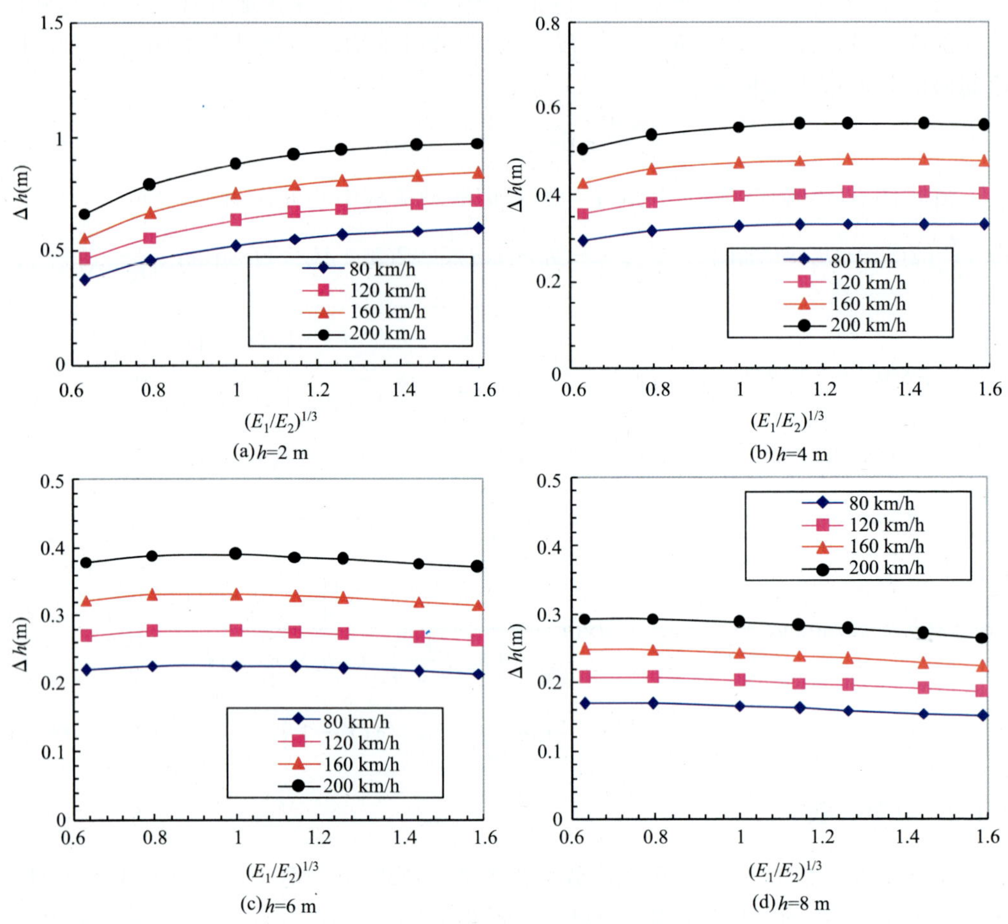

图 9-2　合理抬道高度随$(E_1/E_2)^{1/3}$的变化规律

如图 9-3 所示，随着$(E_1/E_2)^{1/3}$增大，抬道后和抬道前列车动荷载在地基中的附加应力同时减小，由于初始高度较高，随着模量比增大，抬道前列车动荷载附加应力减小量较大，所以抬道前后列车动荷载在地基中的应力差减小，也就是说$(E_1/E_2)^{1/3}$增大，要降低抬道高度才能使得抬道土体的附加应力等于列车动荷载在抬道前后的应力差。

合理抬道高度随路堤高度的变化规律如图 9-4 所示。随着路堤高度增大，合理抬道高度减小。

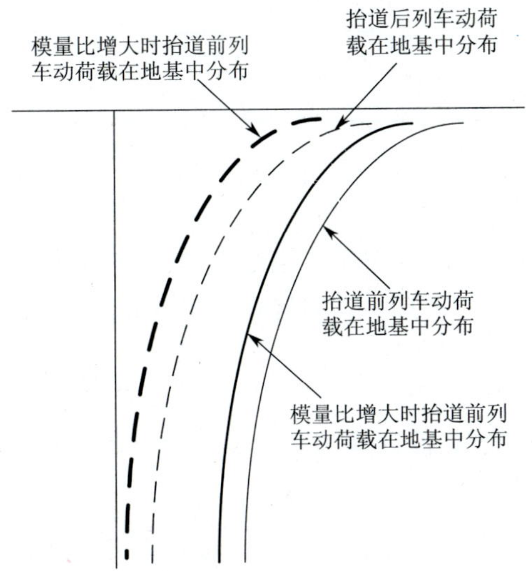

图 9-3 动荷载在地基中分布随 $(E_1/E_2)^{1/3}$ 变化示意图

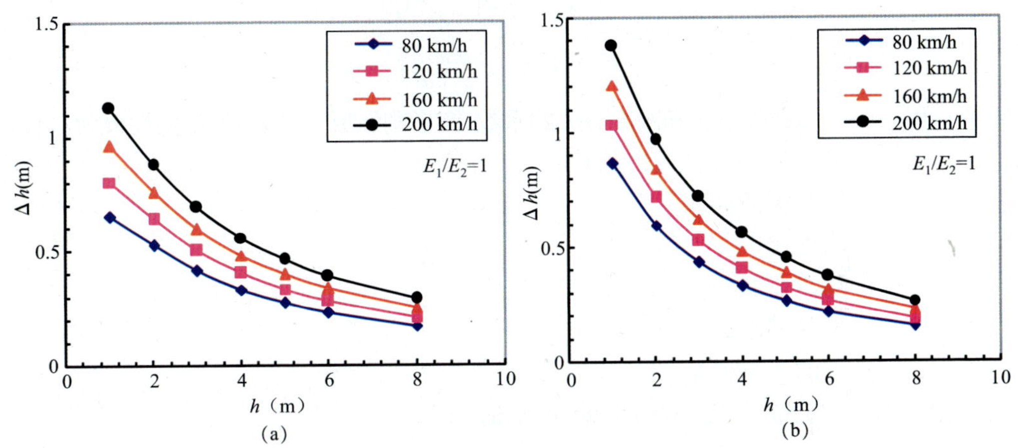

图 9-4 合理抬到高度随高度的变化规律

9.2 抬道应力分析

9.2.1 几何模型

采用平面应变问题计算，列车运行时产生的轮轨力通过轨枕作用于道床顶面。计算断面采用标准断面，图 9-5 为单线路堤的标准横断面，路基的高度取 2.5 m，道床坡度为 1∶1.75，路基边坡坡度为 1∶1.5。

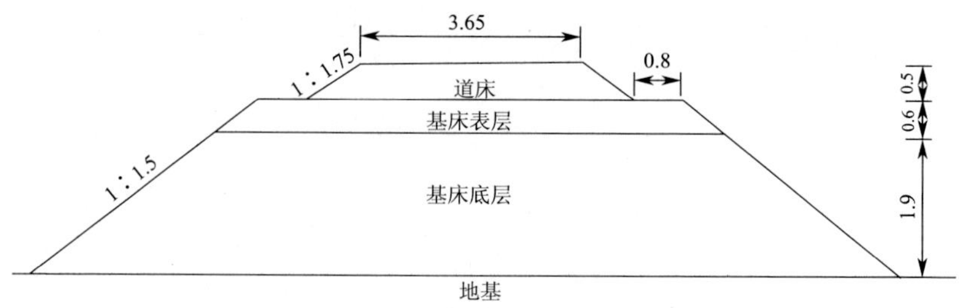

图 9-5 计算横断面图(m)

9.2.2 材料参数

计算参数根据调研数据、设计规范和相关文献取值,土体刚度 K_{30} 与变形模量 E_0 换算关系为:

$$E_0=(1-\mu^2)W\frac{pD}{s} \tag{9-10}$$

$$K=\frac{p}{s}=\frac{E_0}{W(1-\mu^2)D} \tag{9-11}$$

$$E_0=E_s\left(1-\frac{2\mu^2}{1-\mu}\right) \tag{9-12}$$

式中 W——与承载板形状和刚度有关的系数,圆形刚性板为 0.79,方形刚性板为 0.88;

D——承载板的直径或边长;

s——承载板的面积;

μ——泊松比;

p——均布荷载;

K——地基刚度;

E_s——土的压缩模量;

K_{30}——下沉量 0.125 mm 时对应 K 值。

$$K_{30}=\frac{E_0}{0.273(1-\mu^2)} \tag{9-13}$$

计算时动态模量取静态模量的 2 倍,计算参数列于表 9-1。

表 9-1 计算参数

材料类型	厚度(m)	动弹模量(MPa)	容重(kg/m³)	泊松比	c(kPa)	φ(°)
道床	0.5	200	2 000	0.3	0	45
基床顶	0.6	150	1 950	0.33	35	15
基床底	1.9	100	1 900	0.35	25	10
地基	18	50	1 800	0.4	10	5

9.2.3　计算结果分析

1. 列车速度对路基动应力的影响

图 9-6 为不同列车速度下路基面动应力的计算结果。路基面动应力随速度提高而增加，且基本上呈线性增加，速度每提高 10 km/h，路基面动应力增加 5 kPa 左右。

如图 9-7 所示，列车速度 160 km/h、基床表层厚度为 0.6 m 的情况下，路基面轨下动应力值为 95 kPa，经基床表层传递后，动应力衰减了 31%，经 2.5 m 的基床后，动应力衰减了 65%。路基面动应力自基面向下沿深度衰减较快，从基面到基面下 0.6 m 范围内，应力值变化较大，基面以下 1.5 m 以下的应力值趋于稳定，约为基面应力的 30%。计算动应力衰减规律与现场实测加速度衰减规律接近。

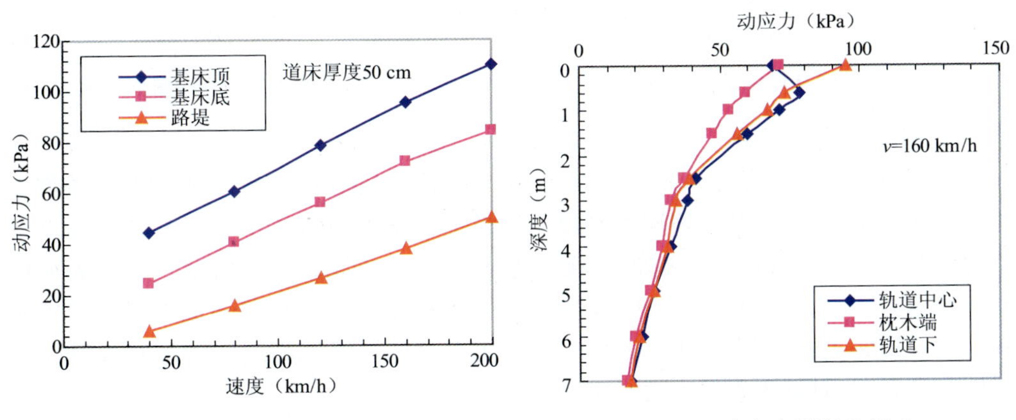

图 9-6　速度对基床表层动应力的影响　　图 9-7　动应力随深度衰减

2. 道床厚度对路基动应力的影响

为分析在不同速度情况下，道床厚度对路基面动应力的影响，分别进行了道床厚度 20 cm、30 cm、40 cm、50 cm 和 60 cm 几种情况下、列车在不同速度条件下的路基动力响应分析（基床表层和底层动弹模量均为 150 MPa、100 MPa），计算结果如图 9-8所示。随道床厚度的提高基面竖向动应力显著减小，道床高度每增加 10 cm，基面的竖向动应力可减小 10 kPa 左右，在道床厚度在 20～50 cm 时动应力衰减尤为明显。当道床厚度超过 50 cm 后，路基面的动应力减少，但减少的幅度减小。

3. 基床表层刚度对路基动应力的影响

为分析在不同速度情况下，基床表层刚度对路基面动应力的影响，分别进行 E_d 在 100 MPa、110 MPa、120 MPa、130 MPa、140 MPa 和 150 MPa 情况下路基的动力响应分析（基床底层和地基刚度均为 100 MPa、50 MPa）。如图 9-9 所示，在路基底部刚度良好的情况下，路基面动应力受基床表层刚度的影响不大，轨下动应力的影响最大，随着速度的提高，基床表层刚度的影响增大，当列车速度为 160 km/h 时，基床刚度即模量每增加 10 MPa，轨下动应力增加 1 kPa 左右。

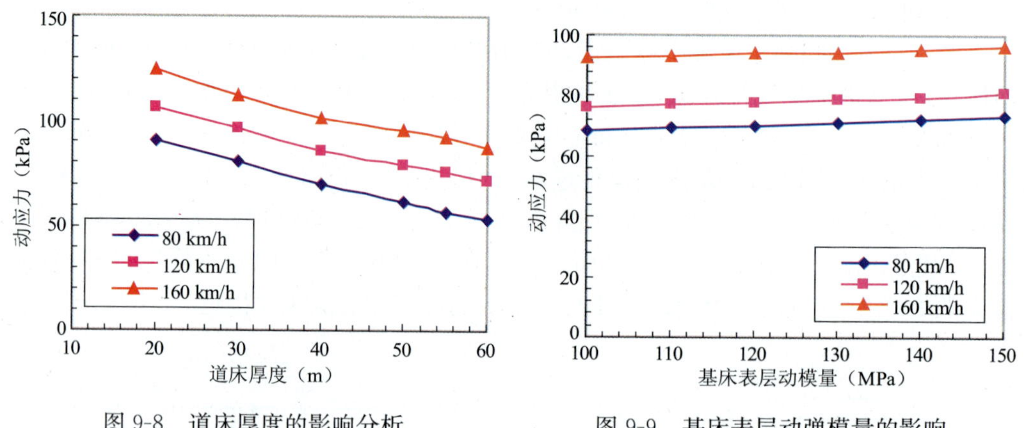

图 9-8　道床厚度的影响分析

图 9-9　基床表层动弹模量的影响

4. 路堤高度的影响

分别进行路堤高度为 2.5 m、3 m、4 m、5 m 几种情况下、列车在不同速度条件下的路基动力响应分析(基床表层和底层动弹模量为 150 MPa、100 MPa)，路堤高度变化对路基面及地基与路堤接触面(基底)动应力的影响如图 9-10 所示。地基表面的竖向动应力，随路堤高度的增加显著减小，高度每增加 1 m，地基表面的竖向应力可减小约 6 kPa，是由路堤对列车荷载扩散作用引起的。路堤高度的增加对地基受力产生有利影响，对基床表层应力影响小。

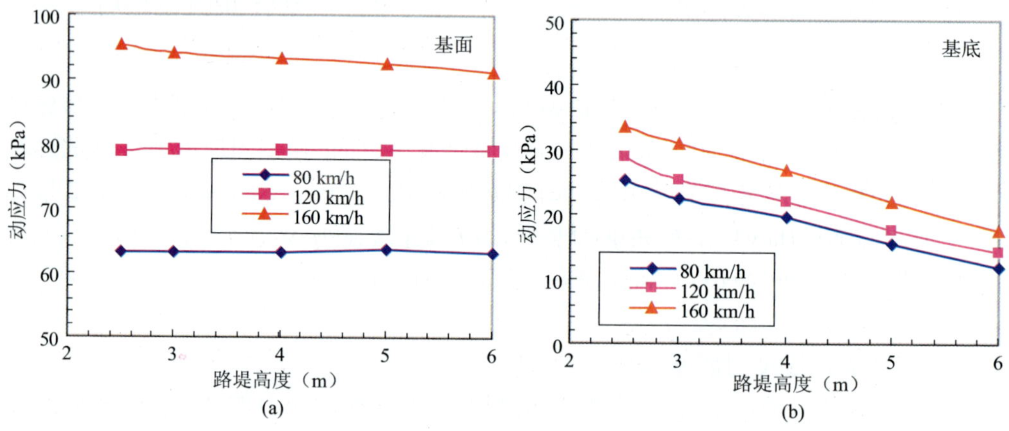

图 9-10　路堤高度的影响分析

参 考 文 献

[1] 翟婉明．车辆-轨道耦合动力学[M]．北京：科学出版社，2007.

[2] 马伟斌．既有线提速基床和道床相互影响的研究[D]．北京：铁道科学研究院，2006.

[3] 谢启新．既有线提速的路基改造问题[J]．路基工程，2000，92(5)：7-10.

[4] 胡安洲，张星臣，杨浩．铁路主要干线提速有关问题的研究[J]．北方交通大学学报，1996，20(6)：682-685.

[5] 王利．上海南至金山路基初步设计说明书[M]．武汉：中铁第四勘察设计院集团有限公司，2009.

[6] 陈云敏，陈仁朋，芦森．软土地基地铁施工及运营过程中的几个土力学问题[C]//城市地铁建设与环境岩土工程高级技术论坛．杭州：浙江大学出版社，2002：165-167.

[7] 刘雪珠，陈国兴．轨道交通荷载下路基土的动力学行为研究进展[J]．防灾减灾工程学报，2008，28(2)：249-255.

[8] 宗军良．提速条件下软土路基基床改造方法浅析[J]．路基工程，2006(6)：29-31.

[9] Kuno O. K. Statistical Analysis of Field Data of Railway Noise and Vibration Collected in an Urban Area[J]. Applied Acoustics, 1991, 33(4):263-80.

[10] Fujikaka T. A Prediction Method for the Propagation of Ground Vibration from Railway Trains[J]. Journal of Sound and Vibration, 1986, 111(2):357-360.

[11] Takemiya H. Substructure Simulation of Inhomogeneous Track and Layered Ground Dynamic Interaction under Train Passage[J]. Journal of Engineering Mechanics, 2005, 131(7): 699-711.

[12] Gutowski, Dym. Propagation of Ground Vibration: A Review[J]. Journal of Sound and Vibration, 1976, 49(2):179-193.

[13] Madshus B. B., Harvik L. Prediction Model for Low Frequency Vibration from High Speed Railway on Soft Ground[J]. Journal of Sound and Vibration, 1996, 193(1):195-203.

[14] Madshus B. B., Kaynia A. M. High-Speed Railway Lines on Soft Ground: Dynamic Behavior at Critical Train Speed[J]. Journal of Sound and Vibration, 2000, 231(3):689-701.

[15] Kaynia A. M., Madshus B. B. Ground Vibration from High-Speed Trains: Prediction and Countermeasure[J]. Journal of Geotechnical and Geoenvironmental Engineering, 2000, 126(6):531-537.

[16] Bahrekazemi M. B. An Effects of Lime-Cement Soil Stabilization against Train Induced Ground Vibrations[J]. Geotechnical Special Publication, 2003, 120(1):562-574.

[17] Takemiya H. Simulation of Track-Ground Vibrations due to a High-Speed Train: The Case of X-2000 at Ledsgrad[J]. Journal of Sound and Vibration, 2003, 261(3):503-526.

[18] 曾树谷．铁路轨道测试技术[M]. 北京:中国铁道出版社,1988.

[19] 杨灿文,龚亚丽．列车通过时路基的动应力和振动[J]. 土木工程学报,1963,9(2):49-57.

[20] 蔡英,黄时寿．重载铁路的线路动力学测试及分析[J]. 西南交通大学学报,1993,91(3):92-98.

[21] 王炳龙,余绍锋,周顺华．提速状态下路基动应力测试分析[J]. 铁道学报,2000,22(S):79-81.

[22] 孙常新,梁波,杨泉．秦沈客运专线路基动应力响应分析[J]. 兰州铁道学院学报(自然科学版),2003,22(4):110-112

[23] 聂志红,李亮,刘宝琛,等．秦沈客运专线路基振动测试分析[J]. 岩石力学与工程学报,2005,24(6):1067-1071.

[24] 韩自力,张千里．既有线提速路基动应力分析[J]. 中国铁道科学,2005,26(5):1-4.

[25] 田海波,赵春彦．改良膨胀土填筑路基动力响应研究试验[J]. 岩土工程技术,2006,20(2):55-62.

[26] 宗军良,刘涛,宫全美．既有线提速路基动力响应特性研究[J]. 中国铁道科学,2007,28(4):7-11.

[27] 陈斌,陈国兴,朱定华,等．城市轨道交通引起的场地振动试验研究[J]. 防灾减灾工程学报,2007,27(3):312-317.

[28] 马伟斌,韩自力．提速列车通过时既有线非改建路基的适应性研究[J]. 铁道工程学报,2008,114(3):1-4.

[29] 律文田,王永和．秦沈客运专线路桥过渡段路基动应力测试分析[J]. 岩石力学和工程学报,2004,23(3):500-504.

[30] 李献民,肖宏彬,王永和．行车速度对桥路过渡段路基动应力的影响[J]. 地震工程与工程振动,2005,2(1):50-53.

[31] 刘林芽,雷晓燕,练松良．提速铁路过渡段的动力响应测试分析[J]. 铁道工程学报,2005,89(5):15-19.

[32] 易佳俊．路桥过渡段高速列车通过性能的试验研究[J]. 四川建材,2009,35(147):132-133.

[33] 马伟斌,韩自力,朱忠林．高速铁路路桥过渡段振动特性试验研究[J]. 岩土工程学报,2009,31(1):124-128.

[34] 梁波,罗红,孙常新．高速铁路振动荷载的模拟研究[J]. 铁道学报,2006,28(4):90-94.

[35] 高峰,关宝树．列车荷载对长江沉管隧道的影响[J]. 铁道学报,2001,23(3):117-120.

[36] 刘明,黄茂松,李进军．地铁荷载作用下饱和软粘土的长期沉降分析[J].2006,2(5):814-817.

[37] Eason G. The Stresses Produced in a Semi-Infinite Solid by a Moving Surface Force[J]. International Journal of Engineering Science, 1965(2):581-609.

[38] Fryba L. Vibration of Solids and Structures under Moving Loads[M]. Groningen: Noordhoff

Internaaltional Publishing, 1972.

[39] Alexander H. H. , Ang T. C. Analytical Modeling of Traffic-Induced Ground Vibrations[J]. Journal of Engineering Mechanics, 1998, 21(8):135-148.

[40] Takemity H. , Satonnaka S. , Xie W. P. Train Track-Ground Dynamics due to High Speed Moving Source and Ground Vibration Transmission[J]. Structural Eng/Earthquake Eng, JSCE, 2001, 18(2):299-309.

[41] Hung H. H. , Yang Y. B. Elastic Wave in Visco-Elastic Half-Space Generated by Various Vehicle Loads[J]. Soil Dynamics and Earthquake Engineering, 2001, 21(1):1-17.

[42] 张昀青．列车荷载作用下周围物体的动力响应解[J]. 铁道学报,2003,25(4):85-88.

[43] 蒋建群,周飞华,张土乔．弹性半空间在移动集中荷载作用下的稳态响应[J]. 岩土工程学报,2004, 26(4):440-444.

[44] 王常晶,陈云敏．列车荷载在地基中引起的应力响应分析[J]. 岩石力学与工程学报,2005,24(7):1178-1187.

[45] 王常晶,陈云敏．列车引起的地基动应力特性[J]. 岩土力学,2006, 27(S):1094-1096.

[46] 王国波,潘支明,谢伟平．移动荷载下轨道-地基土耦合体系动力响应[J]. 路基工程,2009(3):1-3.

[47] Ju S. H. , Lin H. T. A Finite Element Model of Vehicle-Bridge Interaction Considering Braking and Acceleration[J]. Journal of Sound and Vibration, 2007(303):46-57.

[48] Ju S. H, Lin H. T. Analysis of Train-Induced Vibrations and Vibration Reduction Schemesabove and Below Critical Rayleigh Speeds by Finite Element Method[J]. Soil Dynamics and Earthquake Engineering, 2004(24):993-1002.

[49] Ju S. H. , Lin H. T. Experimentally Investigating Finite Element Accuracy for Ground Vibrations Induced by High-Speed Trains[J]. Engineering Structures, 2008(30):733-746.

[50] Ju S. H. Finite Element Analysis of Structure-Borne Vibration from High-Speed Train[J]. Soil Dynamics and Earthquake Engineering, 2007(27):259-273.

[51] 梁波,蔡英．不平顺条件下的高速铁路路基的动力分析[J]. 铁道学报,1999,21(2):84-87.

[52] Zhai W. M. , True H. Vehicle-Track Dynamics on a Ramp on the Bridge: Simulation and Measurement[J]. Vehicle System Dynamic, 2000, 33(S):605-615.

[53] 翟婉明．非线性结构动力分析的 Newmark 预测-校正积分模式[J]. 计算结构力学及其应用, 1990, 7(2):51-57.

[54] 边学成．高速列车荷载作用下高架桥和地基振动分析[J]. 2006,19(4):438-445.

[55] 边学成,胡婷,陈云敏．列车交通荷载作用下地基土单元体的应力路径[J]. 土木工程学报, 2008,41(11):86-92.

[56] 梁波,孙常新．高速铁路路基动力响应中的双峰现象分析[J]. 土木工程学报,2006,39(9): 117-121.

[57] 刘雪珠,陈国兴．高速列车运行引起路基-场地体系振动特性研究[J]. 岩土力学,2007,28(S):773-777.

[58] 孙常新,刘桂香,梁波. 基于有限元方法的铁路路基动力响应场分析[J]. 路基工程,2008(2):28-32.

[59] 董亮,赵成刚,蔡德钩,等. 高速铁路路基的动力响应分析方法[J]. 工程力学,2008, 25(11):231-240.

[60] 董亮,赵成刚,蔡德钩,等. 高速铁路无砟轨道路基动力特性数值模拟和试验研究[J]. 土木工程学报,2008, 41(10):81-86.

[61] 李献民. 高速铁路加筋过渡段静动力特性数值分析及试验研究[D]. 长沙:中南大学,2004.

[62] 孟凡会, 侯永峰, 吴涛. 路桥过渡段的三维数值模拟分析[J]. 岩土力学,2007,28(S):849-854.

[63] 刘升传,吴立坚. 动荷载下路桥过渡段双线路基动力响应特性[J]. 交通运输工程学报,2009,9(6):26-31.

[64] 王其昌,蔡成标,罗强,等. 高速铁路路桥过渡段轨道折角限值的分析[J]. 铁道科学,1998,20(3):109-113.

[65] 罗强,蔡英,翟婉明. 高速铁路路桥过渡段的动力学能分析[J]. 工程力学, 1999,16(5):65-70.

[66] 王于军,翟婉明,王其昌,等. 一种确定轨道过渡段长度的新方法[J]. 铁道工程学报,1999(4):25-28.

[67] 雷晓燕,张斌,刘庆杰. 轨道过渡段动力特性的有限元分析[J]. 中国铁道科学,2009,30(5):15-21.

[68] 罗喆. 提速铁路长期运营引起的基床土永久变形试验研究[M]. 上海:同济大学出版社,2008.

[69] Li D., Selig E. T. Method for Railload Track Foundation Design[J]. Development Geotech. Geoenviron, 1998, 12(4):316-322.

[70] Chai J. C, Miura N. Traffic-Load-Induced Permanment Deformation of Road on Soft Soil [J]. Journal of Geotechnical and Geoenvironmental Engineering, 128(11):907-916.

[71] 宫全美,罗喆,袁建议. 提速铁路基床长期累积沉降及等效循环荷载试验研究[J]. 铁道学报,2009, 31(2):88-92.

[72] 耿大新,钟才根,郑明新. 交通荷载作用下软土路基残余变形的研究[J]. 华东交通大学学报,2007, 24(4):46-50.

[73] 李进军,黄茂松,王育德. 交通荷载作用下软土地基累积塑性变形分析[J]. 2006,19(1):2-5.

[74] 董亮,蔡德钩,叶阳升. 列车循环荷载作用下高速铁路路基累积变形预测方法[J]. 土木工程学报,2010(6):100-108.

[75] 廖公云. ABAQUS 有限元软件在道路工程中的应用[M]. 南京:东南大学出版社,2008.

[76] 郝瀛. 铁道工程[M]. 北京:中国铁道出版社,2004.

[77] 谢纫秋. 既有铁路提速与路基基床的技术改造[J]. 路基工程,2003(5):4-7, 39.

[78] 商丽娜. 朔黄铁路路桥过渡段力学响应及加强措施研究[D]. 北京:北京交通大学, 2009.

[79] 邢国富. 胶济客源专线深厚非饱和土地基沉降特性试验研究[D]. 西南交通大学, 2009.

[80] 陈仲颐,等．土力学[M]. 北京:清华大学出版社，1994.

[81] 张千里，韩自力，吕宾林．高速铁路路基基床结构分析及设计方法[J]. 中国铁道科学，2005，26(6):53-57.

[82] 练松良，王继军，杨文忠,等．路桥过渡段轨道结构的动力性能试验研究[J]．中国铁道科学，2009，30(4):20-24.

[83] Hilber H. M.，Hughes T. J. R.，Taylor R. L. Collocation，Dissipation and 'Overshoot' for Time Integration Schemes in Structural Dynamics[J]. Earthquake Engineering and Structural Dynamics，1978，6(1):99-117.

[84] 孔令召．瑞利波法测试土层剪切波速 [D]. 烟台:烟台大学，2009.

[85] 陈果元．客运专线路桥过渡段动力特性的试验研究与数值分析[D]. 长沙:中南大学，2006.

[86] 聂志红．高速铁路轨道路基竖向动力响应研究[D]. 长沙:中南大学，2005.

[87] 黄雨，叶为民．上海软土场地的地震反应特征分析[J]. 地下空间与工程学报，2005(5):773-778.

[88] 徐中华．上海地区支护结构与主体地下结构相结合的深基坑变形性状研究[D]. 上海:上海交通大学，2007.

[89] 刘建新．瞬态瑞利波技术检测铁路既有线路基基床质量[J]. 铁道勘察，2001(1):46-48.

[90] Vesic A. S. Beams on Elastic Subgrade and the Winkler Hypothesis[C] // Proceedings 5th Int. Conf. Soil Mech. Found. Engng. Paris，1963:845-850.

[91] Heelis M. E.，Collop A. C.，Dawson A. R.，Chapman D. N. Transient Effects of High Speed Trains Crossing Soft Soil[C] // Barenas et al，eds. Geotechnical Engineering for transportation Infrastructure. Rotterdam:Balkema，1809-1814.

[92] 许杰,王峰．提速对既有线路桥过渡段路基动力响应影响分析[J]. 岩土工程学报，2010，32(S):241-244.

[93] Azzouz A. S.，Morrisson M. J. Field Measuerments on Model Pile in Two Clay Deposits [J]. J. Geoteeh. Eng.，1988，1:104-121

[94] 徐永福,傅德明．结构性软土中打桩引起的超孔隙水压力[J]. 岩土力学,2000(1):53-56.

[95] Pesnata J. M.，Hunt C. E.，Bray J. D. Soil Deformation and Excess Pore Pressure Field Around a Closed-Ended Pile[J]. Jounral of Geotechnical and Geoenvironmental Engnieering，2002(l):l-12.

[96] 沈水龙，庞晓明，蔡丰锡，常礼安．水泥土搅拌桩的桩径分析[J]. 防灾减灾工程学报,2005(3):235-238.

[97] 叶观宝,王艳．如何控制水泥土搅拌法对土体的扰动[J]. 地下空间与工程学报,2007(2):263-267.

[98] 关云飞,赵维炳,俞缙．水泥搅拌桩施工引起的超孔隙水压力[J]. 固体力学学报,2008(S1):122-126.

[99] 龚晓南．复合地基理论及工程应用[M]. 北京:中国建筑工业出版社，2002.

[100] Monismith C. L.，Ogawa N.，Freeme C. R. Permanent Deformation Characteristics of Sub-

grade Soils due to Repeated Loading [C] // TRR537, TRB, Washington, D. C, 1975:1-17.
[101] Poulos H. G. Effeet of Pile Driving on Adjacent Piles in Clay[J]. Can. Geotech. J. , 1994, 31: 856-867.
[102] Roscoe K. H. , Burland J. B. On the Generalized Stress-Strain Behaviour of 'Wet' Clay [M]. Engineering Plasticity, Cambridge University Press, 1968.
[103] Vesic A. S. Expansion of Cavities in Infinite Soil Mass[J]. ASCE-JSMFD, 1972, 98(3):265-290.
[104] 徐中华．上海地区支护结构与主体地下结构相结合的深基坑变形性状研究[D]. 上海:上海交通大学, 2007.
[105] 蔡成标,翟婉明,赵铁军,田利民,王志朋．列车通过路桥过渡段时的动力作用研究[J]. 交通运输工程学报, 2001(1):17-20.
[106] 周神根．铁路路基设计动荷载研究[J]. 路基工程, 1996(5):6-11.
[107] 曹新文, 蔡英．铁路路基动态特性的模型试验研究．西南交通大学学报, 1996(1):36-41.
[108] 钟辉虹, 黄茂松, 吴世明, 等．循环荷载作用下软黏土变形特性研究．岩土工程学报, 2002(5):629-633.